# 丛书编委会

**总　策　划：** 来新国　王文成

**编委会主任：** 郭齐勇　周晓亮

**编　　　委：** 来新国　陈知涯　张　彧　尹格韬　沈　众

王文成　孟淑贤　周长志　罗养毅　秦　丹

乌　琛

大家精要

王羲之

宋蒙 著

陕西师范大学出版总社

Wang Xizhi

图书代号 SK16N1402

**图书在版编目（CIP）数据**

王羲之 / 宋蒙著. —西安：陕西师范大学出版总社
有限公司，2017.1（2024.1重印）
（大家精要）
ISBN 978-7-5613-8735-1

Ⅰ.①王… Ⅱ.①宋… Ⅲ.①王羲之（321—379）—
传记 Ⅳ.①K825.72

中国版本图书馆CIP数据核字（2016）第272647号

王羲之 WANG XIZHI

宋 蒙 著

责任编辑　郑若萍
责任校对　陈柳冬雪
封面设计　张潇伊
出版发行　陕西师范大学出版总社
　　　　　（西安市长安南路199号　邮编710062）
网　　址　http://www.snupg.com
印　　制　永清县晔盛亚胶印有限公司
开　　本　650 mm×930 mm　1/16
印　　张　10
字　　数　100千
版　　次　2017年1月第1版
印　　次　2024年1月第2次印刷
书　　号　ISBN 978-7-5613-8735-1
定　　价　45.00元

读者购书、书店添货或发现印刷装订问题，请与本公司销售部联系、调换。
电话：（029）85303879　传真：（029）85307864　85303629

# 目　录

# 引　言

　　王羲之——东晋时期最伟大的书法家，他的书法千百年来为百姓乃至帝王们所推崇、敬仰，他被尊为"书圣"。几千年来，王羲之及其子王献之并称为"二王"，开创了中国传统艺术中最具代表性的书法脉络，因而在中国艺术的发展史中，具有至高无上的历史地位。

　　王羲之生于西晋末年，一生经历了东晋皇权和琅琊王氏家族的兴衰更替。在他的一生中，门阀世族争斗不断，整个中原地区战乱频发、政局动荡不堪，朝野始终充斥着宗室、世族和豪强间残暴、血腥的争斗与杀戮。但在思想史上，这一阶段却是中国古代继先秦之后的又一次思想大融合时期，儒、释、道三大向度基本形成，构建起了中国传统精神的三大基础；也就是在这样一个乱世，书法逐渐衍化成传统艺术之精髓，而晋人书法成为中国书法艺术中难以逾越的巅峰，创造出古代艺术史上的一个奇迹。

　　魏晋南北朝时期，书法主要以家族相承的模式传递、衍化，王羲之的书法成就是家族文化的直接产物，在他的父系、母系、妻系和友系中聚集了一群出类拔萃的书法大家，他们为中国古代书法创作和书法理论作出了不可磨灭的历史贡献，形成了晋代辉煌的艺术成就和独特的审美情趣。纵观王羲之的一生，同时也从家族史的角度深刻展示出书法由底层之"技"向士族之"艺"的转化过程，书法由手工匠人的低级技艺转变成为上流士族、文人知识分子的高雅艺术；文字书写的实用、记载功能转变为书法，以形式取代内容，从而具有了抒发、表达内心情感的美学功能。

王羲之及同时代的南朝诸书法家，以轻便的帖、尺牍传世，形神潇洒不具，开创了南帖北碑的局面，自此碑学与帖学成为后世书法的两条延学途径。王羲之的草隶、八分、飞白、章、行，自成一家，达到了"古今莫二"的境界。

始于汉、终于唐的琅琊王氏一族在东晋登上了"王与马，共天下"的高峰，在政治和文化两个方面成为傲视诸门阀世族的佼佼者。千百年过去，仕宦贵族随着封建王权制度的消亡而烟消云散，唯有以王羲之为代表的晋人书法穿越了历史的尘烟流传下来，泽被万世，为后人所敬仰，并沉淀为传统艺术的核心精神，成为中国传统文化的写照。

正史《晋书》对于王羲之生平的记载并不多，只有短短几千字，而历史上对于王羲之的描述与刻画，则散见于其同时代的人物传记、典籍以及众多民间传说中。由于年代相距久远，其真实面目湮没不清，因此只有寻找到王羲之的生活轨迹、历史脉络和思想渊源，了解到与其相关的时代特点，才能深入认识历史人物的本质，并更好地了解王羲之的书法精髓以及他留存千古的文人精神。

# 第 1 章

## 琅琊王氏南渡江左之兴衰

　　王羲之，字逸少，号澹斋，小名阿菟，生于西晋太安二年（303），琅琊（今山东临沂市南）人，官至右军将军、会稽内史，因此又被称为"王右军"。

　　古临沂为琅琊国，东临黄海，北靠沂蒙山，自汉始有诸葛、王氏和颜氏几大家族居于此。魏晋的王姓大族，其历史最早可追溯到先秦，是周灵王的后代，本姓姬。"王氏出自姬姓：周灵王太子晋以直谏废为庶人。其子宗敬为司徒，时人号曰'王家'，因以为氏。"姬晋的儿子改姓王，这一家族其后发展出三支：一支定居在山东的临沂，一支居于山西的太原，还有一支定居在洛阳。《新唐书》的《宰相世系表》记载："王氏定著三房：一曰琅琊王氏，二曰太原王氏，三曰京兆王氏。"王羲之就出自山东临沂的琅琊王氏。

　　琅琊王氏的兴起与门阀世族制度在西晋的确立有关，虽然王氏一族从汉代就不断发展，进入社会政治、文化领域，但却与其他世族一直不相伯仲。直到东晋，琅琊王氏人才辈出，其地位和权势才超越了其他名门大族和本族他系，成为声名显赫的第一高门。由于门阀世族制度和政治联姻的关系，琅琊王氏、晋室以及其他高门间频繁通婚，大族与王室之间有着盘根错节的复杂社会关系。同时，门阀世族子弟世代也以家风、家学来延续、保障其家族地位和社会影响力。因此，王羲之和琅琊王氏一门的兴衰也反映出六朝政治、文化变迁的缩影。

## 一、显赫的家世渊源

琅琊王氏初始于西汉，发展于曹魏、西晋，到东晋初年达到鼎盛阶段，自南朝中叶之后走向衰落。直至隋唐，科举取士的制度取代门阀世族制，文化素养的沿袭和传承被高门世族所垄断的局面随着时代的发展逐渐被打破，琅琊王氏逐渐消亡。

### 父系

琅琊王氏香火延续时间长达十个世纪，汉至唐以仕宦为主，共出了九十二位宰相。他们重视联姻和门第，在文化成就上以书法为主要贡献。政治和书法上的卓越成就是琅琊王氏的两条主要发展道路，王氏一门的政治地位和家风家学为王羲之的辉煌成就打下了坚实的基础。

王羲之的曾伯祖父是王祥。王祥为使恶毒继母病愈而"卧冰求鲤"的孝行，被举列为古代"二十四孝"之一。王祥作为孝道的代表，承袭了汉代"以孝治天下"的儒家正统观念，因此在"重才轻德"的曹魏时期未出仕。直至西晋重新恢复"礼教""孝"之后，他才正式登上政治舞台，成为西晋的元老功臣。王祥位及三公，但是后代并不兴旺，反倒是其弟王览，虽然官位最高只到光禄大夫一职，却子孙兴旺，王羲之就是王览的嫡系后代。王览有王裁、王基、王会、王正、王彦和王琛六个儿子。王导为王裁之子，王敦为王基之子，王旷、王廙为王正之子。王羲之的父亲就是王旷。

西晋末年，战乱、天灾不断，《晋书》《魏书》《宋书》均记载当时"白骨蔽日，百无一存"，"路道断绝，千里无烟"。中原时局动荡导致了其后的三百年间，北方人口朝东、南、西三个方向大规模迁徙，而南渡人口主要流向长江的上游与下游。魏晋南北朝时期的这次大迁徙和政局的变动形成了中国历史上第一次南北大分裂的格局。北方"五胡十六国"此起彼伏，争杀不断，而南朝的皇家贵族也常于刹那间灰飞烟灭。至永嘉之乱后，晋室南渡江左，琅琊王司马睿于公元318年称帝，建立了东晋王朝，定都建康（今南京），史称晋元帝。提议并推动晋室南渡，辅佐司马氏，中兴晋室的几个关键人物正是王羲之的父亲和叔伯父们。在晋室南渡和东晋王朝建立的过程中，琅琊王氏起到了主导性作用，权倾一时，世称"王与马，共天下"。

王敦、王导、王旷与王廙同为王览之孙。王敦（266~324），字处仲，小名阿黑，官至扬州刺史、都督。王导（276~339），字茂弘，官至太傅、丞相，封武冈侯。王廙（276~322），字世将，他是晋元帝的姨表兄，晋明帝的绘画老师。其死后，时为太子的明帝还以家人之礼亲临拜柩。永嘉末年，王廙为濮阳太守，封武陵县侯，后被封为辅国将军，加散骑常侍。这几个人在王羲之的前半生扮演着极其重要的角色，他们不但是王羲之的从伯、叔父，有着极为亲近的血缘关系，而且其命运和人生起伏影响着王羲之的人生道路。更重要的是，这些人作为琅琊王氏一门的代表人物，都擅长书法，在书法史上占有一席之地，直接影响到王羲之的早期书风。

除了王导一族之外，琅琊王氏另外一个著名的支系还包括王戎、王衍一族。王戎、王衍为魏晋玄学的代表，他们同为魏晋名士，是士族清谈的领袖，其社会影响力之大足以左右当时的思想风尚。王戎的父亲为凉州刺史，封贞陵亭侯；他们的祖父王雄与王祥是同族兄弟，曾为幽州刺史。东晋以前，琅琊王氏以这一支最为著名。

**母系**

王羲之的父系一门自是显赫，其母系族人也毫不逊色。母系卫氏一族同为晋朝高门大姓，也是精于书法的世家，出了卫瓘、卫铄这样著名的书家。

卫觊（？～230），字伯儒，河东安邑人（今山西夏县），魏朝官至尚书仆射，晋朝被封为关乡侯，精通古文，擅长鸟篆、隶草。卫瓘（220～291），卫觊之子，位及尚书令，最擅长草书。卫恒（252～291），卫瓘的长子，曾任尚书郎、黄门侍郎，善书，著有《四体书势》。卫铄（271～349），为卫恒的侄女，汝阴太守李矩之妻，著名女书家，著有《笔阵图》，是王羲之的启蒙老师，传授其钟繇笔法，世称"卫夫人"。王羲之的母亲就是卫夫人的妹妹，正是得益于这重关系，王羲之得以拜卫夫人为师学习书艺，走上了传承笔法的正脉。

在今天的山东临沂，还保留有王羲之南渡前的故居，原由王羲之的第二十世祖王吉所建。王吉在西汉宣帝年间，把本支王氏由琅琊的皋虞迁至临沂都乡南仁里，从那时起，临沂成为王氏的基业，仍沿袭琅琊旧称，故称为琅琊王氏。但南渡之后，再无宗族居住于此，王氏便舍家为寺。经历代修建，至今王羲之的祖宅还被保留下来，即临沂的普照寺。

# 二、乌衣巷口夕阳斜

晋室南渡是一个重要的历史事件，通过实施南渡长江的方案使得晋王朝的宗室、历史和文化在长江以南地区得以延续和保存。而献出南渡计策的功臣便是王羲之的父亲王旷。

## 王旷"化迹"

永嘉元年，王敦和王导等人在房内密谈战事紧急下的谋身之法，王旷（字世弘）被拒之门外。于是，他抠了一个洞，偷窥里面的会谈，之后高声大嚷："天下大乱，你们在打什么鬼主意，我要把你们的事情报告给皇帝。"大家为了不让他告密，只好开门让他进去，王旷趁机提出了一个南渡江左的计策，该计划得到了大家的赞同，王旷也因成功献计而成为中兴的首功之臣。

永嘉三年，时任淮南内史的王旷率三万兵卒渡过黄河，与刘聪在"长平之间"交战。在当年秦国大将白起坑杀赵括四十万大军的地方，王旷全军覆没，从此王旷下落不明，现存的各种史籍中没有见到关于他战后的任何记载。王羲之的"告誓文"中，提及自己"不蒙过庭之训"，指的就是在他幼年时父亲就早逝，全靠母亲和兄长抚养成人一事。

## "王与马，共天下"

王羲之生于江北，七岁随父渡江，长于江南。北方各门阀大族随晋室南渡后，先被安置在秦淮河边的乌衣营，乌衣营原为三国东吴时期，位于建康城南的校场和军营。"王导宅在乌衣巷，南邻骠骑航"。乌衣巷由世族所穿的衣服而得名，"乌衣"的"乌"并不是黑色，而是青紫色。在封建社会，对于不同官阶品级的服饰，包括着装、颜色也受到礼制制约，有着严格的等级规定，平民和没有功名的普通百姓不能穿戴某些特定颜色的衣饰。在古代社会，纺织印染所需的色素原料依靠从自然界动植物、矿物中提取，而紫色是自然界里最不易提取的颜色，产量少，提纯技术要求高，因此很珍贵。紫色在古代封建等级制中通常作为高级别的象征，用于制作公卿的衣服，而纯度更高的明黄色则历来只能为帝王家所专用。青紫色具有特定的意味，是贵族身份地位的象征。世事变迁，东晋时高门云集、车水马龙的乌衣巷，到了唐朝刘禹锡游玩至乌衣巷时，已经衰败不堪，胜景不复当年，他在诗作《金陵怀古·乌衣巷》中感慨："朱雀桥边野草花，乌衣巷口夕阳斜。旧时王谢堂前燕，飞入寻常百姓家。"这首诗脍炙人口，流传甚广，后人于是也用"乌衣门巷"来指称豪门贵族所居之地，但其中还包含了人世间盛衰兴替，富贵如过眼云烟的意思。

南渡逃亡的司马睿，为晋室庶出，所以无论名声还是实力上，一时他都无法使江左士族臣服。由于西晋是被北方外族所灭，司马睿登基时居然连皇权的象征——传国玉玺都没得到。这块玉玺非常珍贵，被视为封建皇权的最高象征，就是秦始皇用传说中天下无双的"和氏璧"雕琢而成，成为传国玉玺。虽然秦、汉、魏、晋朝代更替，但是封建帝王却代代以秦朝玉玺相传。不仅晋元帝司马睿，甚至元帝以后几代的东晋皇帝都未得到这个玉玺，北方人为此一直嘲笑东晋的皇帝是"白板"天子，没有身份。东晋君弱臣强，皇权的旁落之势可想而知。在南渡之后，司马睿主要依靠王氏家族的影响和势力来建立和管理朝政，王导和王敦，一个主内一个主外，执掌朝政，权倾朝野，将家族势力推向了顶峰。

为了稳定江东的局势，也出于自身利益和安全的考虑，王导和王敦一起想办法解决了司马睿在世族和百姓中声望不高这个问题。在三月三日的上巳节，司马睿出巡祭祀，王导和北方的诸名士、高门世家骑马跟随其后，队伍一路声势浩大，排场和气势令各江东士族大为震惊，相继拜于道左，王导借机聚集了人气，笼络住人心，联合了南北士族，一举稳定了江东局势。司马睿也借助于朝臣、外戚的力量，制定一系列的法律来稳定秩序。他颁布侨寄法，首先安置失去北方封地的南渡士族和流民，重新划分并缩小郡县，增加官府设置，以安置更多的官吏。比如当时吴兴郡设置十个县，每县两千户左右，而当时最小的郡，人口竟然只有两千户。除安置北方士族之外，他还大量启用江东士族，并且鼓励南北士族通婚，加快北方士族的本地化进程，促进南北思想和文化的融合。在一系列政策和法令的引导和刺激下，东晋进入了经济和文化复苏的中兴阶段，使得长江以南的地区在久经战乱摧残之后，暂时获得了一个较安定的外部环境。东晋小朝廷偏安于东南一隅，在南北割据的情况下保存了中原地区先进的生产技术，包括有形的与无形的两种资源，使得人民的生产和生活在一定阶段内得以复苏和发展。

《晋书》称："帝初镇江东，威名未著，敦与从弟导等同心翼戴，以隆中兴，时人为之语曰：'王与马，共天下'。"为了彰显王导的功劳，司马睿登基后，在朝堂之上，拉着王导同坐龙床，接受百官朝贺，王导坚决不从，说"若太阳下同万物，苍生何由仰照?"晋元帝封王导为丞相、骠骑将军、武冈侯，称他为"仲父"；封王敦为大将军，都六州；赏赐王氏家族钟山田八十多顷，世称"王与马，共天下"。

魏晋南北朝不仅是一个皇权政治频繁更迭、动荡的时期，同时也是一个社会组织大变革的时期。汉魏时期的大宗族田庄经济分裂为个体家庭经济形式，社会的基本单位也由大宗族瓦解、分化为以个体家庭为单位的组织形式，"农商并重"的观念取代了"重农抑商"，而这个经济发展的特点在南方尤其明显。到了南朝，大家族制度分崩离析，宗族之间的纽带已经不再坚固，各个同宗同脉的家族内亲疏贫富的区别日益明显，宗族土地的共有制被个体家庭私有制取代。在这样一个大背景下，琅琊王氏到了南朝也不再聚族而居，出现同族贫富贵贱不同的情形。《南齐书》"甲族向来多不居宪台，王氏以分支居乌衣者，位官微减……"北方反复推行均田制，南方则在不断地发展个体家庭的大土地所有制，在南方没有均田制的观念。分家、分土地是北方士族南迁之后的一件大事，这也是其后王羲之频繁购买田地、置办庄园的重要原因。

王羲之的父亲王旷兵败后下落不明，给尚在幼年的王羲之的生活蒙上了一层阴影。失去父亲的王羲之，虽然在兄长和族长、叔父等人的庇护下逐渐成长，但无论王羲之的政治地位还是经济实力，都在整个南渡的王氏家族中处于较低的位置。

## 王敦叛乱

宗族的兴衰成败家族的每个人都无法逃开。随着王氏宗族势力的不断扩大，作为中兴功臣之一的王敦拥兵自重，常违背诏令，逐渐引起了晋元帝对琅琊王氏宗族的不满，于是晋元帝不断削夺王导的朝权、架空王敦的兵权。永昌元年（322），君臣矛盾终于激化，王敦以"清君侧"为名于武昌起兵，讨伐都城建康。元帝大怒，斥责王敦"凭恃灵宠，敢肆狂逆"，下令能杀掉王敦的人封五千户侯。王导的政治对手多次上表元帝请求诛灭王氏一族。

形势危急，王导在建康终日惶恐不安，他脱下朝服，每天一早就率领王邃、王廙、王侃、王彬等宗族成员二十余人，在朝门外的诣台等着领罪，日落后才敢回家，一连数日。王羲之也在这"诣台等罪"的队伍之中，亲身经历封建王权与家族势力的残酷斗争和权力更迭。"帝以导忠节有素，特还朝服，召见之"，晋元帝没有因此怪罪王导，还给他朝服，召见他并赦免了琅琊王氏一族。王敦兵临城下，胁迫元帝给其加官晋爵后仍退守武昌，但他始终埋怨王导没有听从他的话，害得王氏差点被灭族。

王敦的叛乱，造成了东晋国内局势的动荡，也引发了王氏家族和所支持者的内乱。周颢在讨伐王敦时被王敦所杀。王彬是周颢的好朋友，周死后王彬痛哭流涕，公开凭吊周颢，并且慷慨陈词、当面斥责王敦"杀戮忠良"。王敦威胁要杀掉他，王导及时劝阻才得以幸免。王导命令王彬拜谢王敦，王彬推说自己腿有毛病，见到皇帝都不能拜，更别说王敦了。王敦骂他腿的毛病不如脖子的毛病重，但看在王彬是自己亲戚的份上最后放过了他。王敦曾两次叛乱，后病死。

王敦的叛乱并没有给琅琊王氏带来毁灭性的打击，晋元帝也于岁末驾崩，错综复杂的姻亲关系以及庞大的家族势力成为琅琊王氏化解危机最好的工具。但是此次事件带来了两个最直接的后果：首先，导致了王氏家族内部发生分裂，分化为不同的政治主张和利益集团；其次，王敦去世和王导权力的缩小，大大削弱了王氏家族在江东的权势以及对东晋皇权的影响力。

## 世族夺权

南渡之后的琅琊王氏，直接面对三股外来势力的影响和威胁：一为司马晋室，二是同为北来的高门大族，三为江东吴地大姓。虽然东晋一直是君弱臣强的局面，但在皇权至上的封建社会里，王敦的两次叛乱足以说明晋室对于王氏的忌惮和不信任。只要有机会，皇帝就削弱甚至想消灭琅琊王氏。东晋的皇帝寿命不长，大都早死，在几十年里不断有新帝登基，因而对于王氏家族的打击便没能延续。

与琅琊王氏同为北来的高门也很多，他们不仅实力强大，对朝政的影响也颇强。而吴地的土著大姓更是人数众多，他们当时占据了江东的大片土地，是地方豪强势力的代表。有这三股势力的影响和威胁，王氏在朝政之上必定受到诸多掣肘。这些矛盾在王导身上都得到了体现。南渡之后，王导有意结交江东士族，曾经遭遇为子弟求婚却断然被拒的尴尬局面。有人去拜访他，正值盛夏酷暑，王导在家光着膀子，一边拿肚皮贴到棋盘上蹭来蹭去，一边学着用吴语说"真凉快"。拜访的客人回去之后被问起王导这个人怎么样时，笑着回答说：没有什么别的，只听到他在讲吴语。王导，这个中兴第一功臣，到晚年也逐渐受到社会风气的不良影响，一改其中正平和的心态，显露自己内心的愤懑不平。庾亮掌权期间，原来巴结王导的人趋炎附势纷纷改投庾亮，王导当众举着扇子遮住脸，慢吞吞地说："哎呀，庾亮那刮来的风沙太大，弄脏了我的脸呀。"

晋明帝司马绍即位后，便开始倚重自己的外戚庾氏和郗氏等世族，王导和琅琊王氏不再像以前那样受到皇帝的重用，琅琊王氏家族历史上最为辉煌的时刻也宣告落幕。王氏之后，颍川庾氏、龙亢桓氏、陈郡谢氏纷纷登上历史舞台，相继执掌东晋政权。

# 三、门阀世族间的政治联姻

## "家门阀阅"

东晋时期的一个重要政治制度是封建门阀制度。"门阀"，即"家门阀阅"。"家门阀阅"是中国古代选官制度中的特有名词，简称"门阀"，"阀"通"伐"字。门阀制度作为古代封建贵族和官吏的一种特定的管理形式，是官方对某人及其家族为封建政权所立功劳和贡献的审视和检察制度，并根据官方考察的结果来进行任免、提拔或奖惩。门阀制度主要盛行于东晋和南朝的宋、齐之间。

东汉以前，"家门阀阅"仅仅针对官吏个人的任用、提拔。

东汉以后世家大族兴起，家族中多人出仕，甚至几代连续出仕，对于官吏的"阀阅"就由个体扩大到家族的范围。

门阀与"九品中正制"关系密切。东汉之后，曹魏政权实行九品中正制度。九品中正制就是根据官阶、才能和品德将封建官僚和世族划分为九个等级。东晋门阀制度只对九品之内的官僚及世族作出评估，因此，门阀制度实际上就等于只针对高门和世族的考察，平民百姓不在封建官吏制度的考察范围之内，因此在门阀制度下，平民几乎没有任何出仕为官的机会。

门阀制度主要影响到三个方面：一为按照门第高低选拔、任用官员；二为世族分配土地、免除徭役提供证据；三是世族通婚、门第选择的凭证。

门阀制度是中国古代封建等级制和地主特权发展到一定阶段的标志。门阀制度的出现受到一定社会历史条件的制约，其积极之处在于——它为世族族群的分化和家风家学的发展提供了有利条件，保障了古代文化艺术的发展和传承，文化出现雅俗之分。同时也要看到，门阀制度带来的严重弊端——它垄断并极大地阻碍甚至剥夺了寒族和底层人民同样享有学习和创造文化知识的权利，造成了官方人物品评中的浮夸和虚假风气，加大了世、庶族在占有土地资源、任用提拔上的差距，更加剧了社会、宗族之间的矛盾。

太原王氏、琅琊王氏和颖川庾氏在西晋和东晋初期就有人官至一品，桓氏和谢氏取得一品官的时间则较晚。到了东晋后期，在激烈的政治和军事斗争中，太原王氏、谯国桓氏和颖川庾氏几乎被灭族，再无人升至一品，其高门地位便从第一流的位置滑落下来。与高门相对的是庶人、寒门。魏晋以来的庶人，也称作寒人，他们无品、无任何官位，即使入仕也只能反复出任低级别的官职。东晋时期，高门与寒门在经济实力上不能完全画等号，高门并一定都很富庶，寒门也不一定都贫穷。

比如有的吴地寒门，凭借其在江左占有大量的土地和人口资源的土著优势，经济条件非常优越。

东晋门阀制度的推行和倡导者就是王导，"人或谓之痴，司徒王导以门第辟为中兵属（官品七品清官）"。他依照门第来任用官吏。作为东晋第一高门的琅琊王氏，尤为重视宗族子弟的婚姻。在家族历史上，第一流高门达到三品以上，尤其是获得官品一品的时间有先后，门阀形成的时间也不同，东晋诸门阀呈先后更替兴衰的态势。琅琊王氏在东晋最主要的联姻对象分别是司马晋室皇族、郗氏和谢氏。联姻对象反映出王氏家族在不同时期的政治策略和不同的家族发展阶段。

## 王氏与晋室

在南渡之前，琅琊王氏在王导一代就常与晋室联姻。如王敦，娶舞阳公主（一说为襄阳公主）为妻，是晋武帝的女婿。王廙是晋元帝的姨弟，即晋元帝是王旷、王廙的姨表兄弟，是王羲之的姨表叔。

与皇室保持血缘关系，是一个高门大姓取得封建帝王信任并授予其权力的基本保证。但是在魏晋南北朝这个乱世，皇族无论是个体命运还是群体利益都变动频繁。在君弱臣强的实力对照下，王氏一族对于司马皇族的重视程度反倒不如对其他高门大姓。

比如，那位被称为"宁馨儿"的美男子王衍，他的妻子是皇后贾南风的表亲，他的三个女儿，一个成为愍怀太子妃，另一个嫁给了贾充的孙子贾谧，第三个女儿嫁给了名族河东裴氏的裴遐。河东裴氏与司马氏关系密切，裴遐的堂妹就是东海王司马越的王妃。这些婚姻关系在太原王氏和琅琊王氏后来的发展中发挥了很大的作用。贾后废掉愍怀太子，王衍居然命令女儿与废太子离婚以保全自己，他的女儿惠风为此失声痛哭。

## 王氏与江东士族

江南自孙吴以来的土著有朱、张、顾、陆等高门，侨居高门也与江东士族联姻。《世说新语·排调》记载，渡江之后，王导曾向江东士族陆玩提议联姻。陆玩一口回绝，并且毫不客气地对王导说："小地方出不了大树，香的和臭的东西不能混置一处。即使我再没本事也不能做出这样乱了规矩的事情来。"被陆玩如此羞辱，王导却不以为意，仍然坚持与陆玩及其他江东士族交往。后来，陆玩看到王导和王氏在江东的势力越来越大，于是同意与王氏联姻。

## 王氏与郗氏

重用外戚庾氏和郗鉴的晋明帝，在位仅三年便去世，太尉郗鉴出于利益的考虑决定与王导合流，以增强家族的势力。郗鉴（269~339），官至太尉。郗太尉的女儿名叫郗璇，字子房，擅长书法，她的哥哥们称她为"女中笔仙"。明帝太宁元年（323）七月，郗鉴被征召进京，他借机向王导提议联姻，在王门挑选女婿。

"时太尉郗鉴使门生求女婿于导，导令就东厢遍观子弟。门生归，谓鉴曰：'王氏诸少并佳，然闻信至，咸自矜持。惟一人在东床坦腹食，独若不闻。'鉴曰：'正此佳婿邪！'访之，乃羲之也，遂以女妻之。"郗太尉派遣自己的门生上王导家选婿，王导对来人说"君往东厢，任意选之"。适婚子弟都在东厢房静候。门生看后回去告诉郗鉴，王家的诸位儿郎都很好，听说来选婿都梳洗干净，行为举止表现得很矜持。只有一位在床上躺着大吃胡饼，肚皮也露在外面，好像没事一样。郗鉴一听，说：这个好！这个无动于衷、坦腹东床的人就是王羲之，郗鉴于是把女儿嫁给了他。坦腹东床、不在乎权势和名利的王羲之反而被选中，选出了一段"东床快婿"的佳话。

王羲之二十一岁时被郗太尉选为女婿，婚姻生活美满，七子一女均为郗氏所生。王羲之的夫人郗璇也很高寿，活了九十多岁。从王羲之成为东床快婿之后，郗氏与琅琊王氏开始了世代通婚的历史。王羲之曾经为第七子王献之写信请求与郗氏联姻，王献之娶了表姐郗道茂为妻，后离婚，成为寡居的南阳公主的驸马。而他和南阳公主的女儿王神爱，成为后来的安僖皇后。

## 王氏与谢氏

陈郡的谢氏，虽然从西晋起累世为官，官阶在五品以上，但是从谢衡算起，仅三品，无论是取得官品的时间还是级别上，都只能算作一般高门，曾被讥讽为"新出门户"，无法与琅琊王氏相提并论。南朝之后，陈郡谢氏的谢安、谢玄通过"淝水之战"建立盖世功勋，成就卓著，与琅琊王氏一起，发展成为甲族中的甲族，同为第一流高门。由于起家的时间有先后，所以谢氏排在王氏之后，并称"王谢"。因此琅琊王氏在东晋曾经有两段辉煌：一为"王与马"时期，另一段则为"王谢"时期。

谢氏是琅琊王氏后期通婚的主要对象。王羲之的次子王凝之娶谢奕的女儿谢道韫为妻。王羲之唯一的女儿，嫁给浙江余姚刘畅，生一子一女。儿子刘瑾，有才力，曾任尚书、太常侍卿等职。女刘氏，嫁谢奕之孙谢瑛，生一子，就是东晋著名的山水诗人谢灵运，谢灵运即王羲之的重外孙。唐太宗因为痴迷于王羲之的书法，还曾经给自己的公主取了一个和王羲之女儿一样的名字。

王羲之死后，他的夫人看到王氏子弟趋炎附势，对同为亲戚的谢家和郗家厚此而薄彼，心里愤愤不平，就对自己的两个弟弟说："王家人见到谢安和谢万来了，东西倒了、鞋子没穿好就跑出去迎接；而你们来了，他们态度却很平淡，那以后你们也别老来了。"

王家与谢家在婚姻问题上也并不是一路顺畅的，两家的政治联姻随着家族实力的消长也在不停地发生变化。如，"珣兄弟皆谢氏婿，以猜嫌致隙。太傅安既与珣绝婚，又离珉妻，由是二族遂成仇衅"。王家其他人在婚姻问题上曾与谢家结下了仇怨，比如王珣、王珉。只有王羲之与谢家的谢尚、谢万、谢安、谢奕关系非常亲密，他们在漫长的宦海沉浮中结下了深厚的友谊。王羲之的儿女也与谢家世代联姻，这些也可以看作是王羲之在王敦、王导死后，王氏在后继乏人的情况下所采取的一种维护家族利益的手段。

的确，在王羲之的苦心经营下，王家和谢家的联姻和合作保证了琅琊王氏能继续保有东晋第一等高门的权势和威望，并将这种状况延续了相当长一段时间。

## 四、讷言少年一宴成名

王羲之幼年时沉默寡言，性格内向，不爱说话，也不善于与人交流，看上去是个很普通的孩子，长大后却像换了一个人，变得能言善辩。《晋书》说他"幼讷于言，人未奇之"。《世说新语·轻诋》记载："王右军少时甚涩讷。"一次他在王敦家，听到王导、庾亮来拜访王敦，他站起身马上就要走。王敦留住他说："王导是你的伯父，庾亮也没什么的，这两个人你有什么为难不能见的呀？"连自家的伯父来都要躲着跑，王羲之幼年性格之内向可见一斑。

除了不爱说话以外，王羲之小时候还患有癫痫症，每隔一两年发作一次。他有一次在写诗作答许询的时候，又突然犯病，他居然在病中还做了一首诗："取欢仁智乐，寄畅山水阴，清泠涧下濑，历落松竹林。"醒来后，旁边的人把诗念给他听，他自己也很感慨。但是，王羲之患有癫痫疾病这个事情只在《太平御览》的《语林》中有记载，其他史籍均未见记载，因此也有人认为这件事情不太可信。

名士周顗的侄女是王羲之的兄嫂。王羲之在十三岁那年，有一次跟随家人一道拜见周顗。王羲之在宴席之间与周顗及众宾客交谈，谈吐间流露出的知识、气度和学养被周顗察觉到，认定这个孩子将来会是一个很有出息的人，对他另眼相看，给予他待客的最高礼遇。当时，江东盛行在宴会上吃烤牛心，宾客们都还没有品尝，周顗作为主人，把敬给最尊贵客人的第一刀牛心递给王羲之，以示对他的器重。周顗官至礼部尚书，对一个年仅十三岁的少年竟然给予如此高的礼遇，此举顿时震惊四座。从此以后，王羲之在众人心目中的地位大为改观、名声远播。周顗的礼遇对于王羲之的个人成长非常重要，在注重人物品藻和清谈的东晋，得到名士的赏识就等于打开了与各士族交往、游历的大门。就是这样一个"人未奇之"的孩子，因为一个偶然的机会突然一举成名，此后成为备受美誉的"王门三少"。

## 五、素无廊庙之志的右军

王羲之的性格不同于一般人，与他的经历有着极大的关系。王羲之幼年丧父，青少年时期又遭遇到兄长去世的沉重打击，与母亲卫氏相依为命。即使出身于琅琊王氏这样的高门，失去父兄的照顾和支撑，他也不免要遭遇世态炎凉。他尝遍了生活的辛酸苦楚，甚至还经历了险被灭族、命悬一线的危机。王羲之在辞官时写的祭文中，提及自己这段不幸的经历。他说自己屡屡遭遇到不幸，青少年时期没有得到父亲的教育，"羲之不天，夙遭闵凶，不蒙过庭之训。母兄鞠育，得渐庶几"，长大后蒙受朝廷格外的恩宠，才得以出仕，从此生活才得以改变，能够施展自己的才能。

坦腹东床的洒脱与其说是个性的流露，还不如说是王羲之对于炎凉世风的一种反抗行为。依据琅琊王氏与高门联姻的例子来看，高门之间联姻所选的对象，非富即贵，利益和权势才是婚姻的最终选择，联姻所看重的不是个人的才能。王羲之父兄亡故之后，他和母亲一直依靠叔父王廙的照顾，生活才得以保全。可惜的是，王廙在王敦叛乱之后不久也去世了，王羲之在琅琊王氏一族中更加无所依靠。在东晋社会，婚姻与仕途都是获取利益的手段和途径，不以个人才学和能力为标准，对于王羲之的家境背景来说，在这两点上他根本无法把握和掌控。所以青年时期王羲之的洒脱个性体现在两点上：一不在乎婚姻；二不在乎仕途。

既然婚姻带来的利益保障和世袭的官宦仕途对于王羲之都遥不可及，那他所在乎和仰仗的就只有琅琊王氏的家学了。王氏家学以书法为重，王羲之的父辈擅长书法，尤其叔父王廙，是王羲之以前琅琊王氏一门中最为出名的大书法家。王廙是位杂家，他不但精通书法和绘画，还擅长音乐、射御、棋艺和其他的技能。王羲之充分继承了以王廙为代表的琅琊王氏家学，擅长书法、绘画、诗文、琴棋等多项技能。虽然关于王羲之的史料除书法以外，如今已经无法找到实物来验证，但是借助于一些古籍的整理，还是能够从中见到对于他所擅长的其他技能的记载。

少年时期的经历和悲剧命运，造就了王羲之的苦学、勤奋、骨鲠、正直、智慧、洒脱等性格特点。他看透世态炎凉，善于结交不同类型的朋友；他感情丰富而且仗义执言、潇洒不羁，但却并不狂放；他还洁身自好，很有政治眼光和头脑，同情劳苦大众，不趋炎附势、随波逐流。王羲之博古通今，虽然信奉道教，但同时对于儒、释家的经典和义理都很熟悉。

在东晋的制度和社会风气里，王羲之要改变自己的命运首先必须赢得本族的认可和支持。能改变他人对自己的看法，除了出身就是才学。要想获得机会，王羲之只能凭借自己不断的学习和努力来改变自己的厄运。

王羲之在周顗的宴会上一举成名后，琅琊王氏家族开始对他另眼相看。王羲之逐渐凭借个人出众的才能和学识，赢得了从伯王敦、王导这样位高权重的族长的认可和器重，讷言的少年在成长中逐渐蜕变成为善辩的青年，从而脱颖而出，成为琅琊王氏杰出的代表。

人物品藻是东晋时期个人获得社会认可和晋官取仕的一个基本方式。王羲之在结婚和出仕之前，就已经为王导和阮裕等名士广为夸赞，在个人名声方面有一定的积累。在子侄后辈之中，王导对王羲之很是称赞："逸少何缘复减万安邪？"意思是，王羲之有什么地方比刘绥差吗？王导悉心培养琅琊王氏的子弟们，他希望能在其中出现自己和王敦的接班人。逸少是王羲之；万安就是刘绥。刘绥是当时以其聪明、智慧而广受人们称赞的一个少年才俊。王导认为王羲之的才华不会亚于刘绥。

不仅王导，就连王敦也高度评价王羲之的风采和才华。王敦评价王羲之："汝是吾家佳子弟，当不减阮主簿。"即，"你是我家佳子弟，不亚于阮裕。"王敦认为王羲之的才华能与阮裕相当。阮裕，字思旷，是阮籍的后代，曾担任王敦的主簿，是当时的一位名士。阮裕博学而且仗义，当听到王敦拿自己与这位年轻人来作比较，阮裕本人也忍不住跑来亲眼见识一下王羲之。果然，他也很喜欢这个年轻人，夸赞王羲之与王悦、王应并称"王氏三少"。此后，在王导的子侄一辈中，琅琊王氏的人才以"王氏三少"最为优秀。

"王氏三少"，都是少年时期就享有盛名，三人出身却并不一样，这三人最终的结局也各有不同。"王氏三少"中，最终以王羲之的个人成就和历史赞誉最高。其他的两位才华少年都很有来头，他们享有的名声都与自己的父亲有着莫大的关系。

王悦，字长豫，是王导的长子，曾为东宫太子讲学，官至中书侍郎。王悦是王导很钟爱的一个儿子，受到世人的关注自然不费力气。可惜王悦因病英年早逝，死在王导之前。

王应，字安期，是王含之子。王敦没有儿子，王应过继给王敦当儿子，因此享受到了不小的恩泽。王敦一死，王应与王含被王舒活活投江，落得一个葬身鱼腹的悲惨下场。王敦活着时，王敦继子的身份也给王应带来了极大的荣耀和优势。

"王氏三少"中，只有王羲之没有父亲的福荫庇护，因此他的才能和名声无疑才是最真实的反映。王羲之的才能体现在书法家学上，《晋书》称他，"性格骨鲠，尤善隶书"。

除了个人名声之外，婚姻和出仕是古代世俗生活中最重要的两项内容。中国古代封建社会，男子通常十几岁结婚；在世袭制度的规定里，高门望族中甚至有几岁的孩子就被封官的例子。王羲之十三岁才被人们所重视，二十一岁结婚，二十三岁才出仕。无论是成名、结婚还是出仕，王羲之的经历都晚于常人。比普通人家都要晚，就更不用说琅琊王氏的子弟了。在高门中王羲之的这种晚婚晚仕的经历很罕见，这说明他在世俗生活中过得并不如意，而这一切与他的个人智慧和才能无关。即使出身于高门、富有才华、勤奋好学、秉性正直、趣味高雅、志向远大，但是坎坷与挫折始终伴随着王羲之的一生。适逢乱世，人无法真正实现自己的理想。既然不能施展个人抱负和能力，王羲之只能选择独善其身的处世策略，以庄学和道学为依托，在混乱不堪的局势中开辟出一条文人士子的独特生存道路。

王羲之清高、硬脾气、讲真话的性格特点也阻碍了他在官宦之路的飞黄腾达，琅琊王氏的政治对手和本族的分裂更加危害了他的发展。由于长期接触到较为底层的生活，王羲之更清楚真实的生活面目，包括各族间的仇恨、不断的争权夺利以及腐朽的门阀制度。在三十几年的宦海生涯中，他经历过战乱、流散和权力的更迭，他曾竭力劝阻好友时机不当的北伐，但也无济于事，在这样的局势下，他所能采取的只有明哲保身的策略。

为了避免遭受更大的打击，他此后一直拒绝众人对自己的推荐。扬州刺史殷浩邀他做官，他也婉言谢绝，并回书称自己"素自无廊庙志"，向殷浩表明当年王导为丞相时给他官做，他都拒绝接受，那时的手稿书信还留着，以此证明他对参与政治没有过多的愿望和追求。但是王羲之的这番话并不可信。王敦死后，王氏子孙凋落，王导举荐王允之和王羲之的时候，王导这一辈中只剩下了王彬。王导的长子王悦病死，次子王恬好武，不为王导喜欢。年富力强的子侄中，以王允之、王羲之和王胡之最有担当大任的才干，因此王导转而试图培养这几个子侄，希望借助他们以重振家门。他在给王允之的信中说："我群从死亡略尽，子弟零落，遇尔如亲。"意思是，我们这一代人死得差不多了，子孙也很少，你们就像我的亲生骨肉，如果你们这些有能力的都不同意出来做官将来接替我，我还能再说什么呢？

不单是王羲之，就连王允之也拒绝过王导的举荐。从伯兼族长把话都说到这个份上，仍然遭子侄们拒绝，其真实的原因不是王允之和王羲之不喜欢出仕为官，而是王导举荐他们之时，正值琅琊王氏的衰败时期，在不恰当的时机贸然接受王导的举荐，又没有有力的政治后盾作保障，无异于自寻死路。334年，庾亮都六州，领江、荆、豫三州刺史，掌握超过全国一半以上的兵力。王羲之服丧期满，入庾亮幕府为征西参军，与庾翼、殷浩和王胡之共事。庾亮与王导不合，王导劝王羲之回建康任职，再次被王羲之拒绝，他仍然回到武昌。

分析一下琅琊王氏家族在东晋的历史就不难知道，王羲之所自称的"吾素自无廊庙志"，只是一句冠冕堂皇的托词。首先，王羲之生活在东晋琅琊王氏由盛转衰的转折点上，王导等老一辈处于边缘地位，失去权势。王羲之这一辈也都人丁稀少，实力远远不济。王羲之凭借个人的能力已经无法改变琅琊王氏家族走向衰败的整体趋势。其次，无论是父系还是妻系的实力上，王羲之都没有一个特别有力的政治保障。再次，王羲之以其过人的智慧、能力和所采取的独特策略，为王氏家族第二阶段的发展作出了突出的贡献。由王羲之开始，王氏联合谢氏，共同开创出东晋一朝，继"王与马"之后的第二个高峰——"王谢"时代。王羲之的"吾素自无廊庙志"可以被证实为只不过是一句托词。王羲之审时度势，一改琅琊王氏以往狭隘的、只倚重本族和晋室的纵向联合发展观念，成功地预见了陈郡谢氏的兴起，认定谢氏人才济济，将会成为一支重大的政治力量。他利用王氏的社会威望，建立起横向联合其他高门的家族发展战略，为琅琊王氏在东晋未来的政治和社会发展找到了一个新的支点。

通过以上这些事例来看，无论如何，王羲之绝不是一个对政治不感兴趣、只谈黄老、一味求仙问道的人，否则他的旨趣、修养、眼光以及策略，是不会达到这么高超与深远的地步。虽然他的官位始终没有做到王敦、王导那么高，但是他在不同的历史条件下，更好地利用了家学和高门名望为琅琊王氏开创出了另一段辉煌的家族历史。

# 第 2 章

# 魏晋风流与文人雅集

　　从 220 年魏国建立，到 589 年隋灭陈统一天下，魏晋南北朝一共经历了三百七十年，这战乱频发的三百多年被称为乱世。但就是这一段乱世却诞生了王羲之、王献之这样伟大的书法家，并被称为中国古代书法的高峰期。为何这样一段乱世却能达到中国历史上书法创造和人性解放的巅峰之境？为何魏晋南北朝时期书法的发展能远远超过其他艺术，并且成为一个时代的象征？这些问题在魏晋南北朝思想和精神的光辉中不难找到答案。

　　名教纲常是用以制定和维护社会稳固的关系模式。魏晋之后，随着君臣之间严格规范的瓦解，父子、夫妇等人际关系都发生了变化。士大夫之所以背儒向道，主要因为儒术具有的约束性不能适应时局生活的现实发展，与其迁守汉儒的过时规范，还不如取老庄自然逍遥之旨，更适合自觉心灵追求自由奔放之趋向。老庄宗自然而求真我，外与物以俱化，内适性而逍遥，因此士族纷纷择老庄而弃汉儒。魏晋南北朝的玄风就是在这一趋势下形成的。

# 一、魏晋玄学与林下之风

玄学的"玄",源自于《老子》,取其"玄之又玄,众妙之门"之意。道家不同于道教,道家是哲学不是宗教。玄学又被称为"新道家"。玄学的方法是"辨名析理",简称"名理"。"名"指的是事物的概念,"理"就是名称的内涵。名与理之辨析,就是辨别、分析一个概念的对象以及一类事物的规定性。大部分玄学家仍然尊崇孔子,玄学是用老庄的精神来重新阐释儒家经典。玄学的辨名析理是纯粹的抽象思维。

汉武帝时,原始儒家已经衰退了,汉儒所说的是经学。在魏晋南北朝时期,玄学取代汉代的儒学成为主流。魏晋南北朝的思想、文化、社会风气、个人生活以及书法、音乐、诗歌等艺术的发展都与玄学息息相关。

魏晋玄学经历了三个阶段的发展,从正始玄学到竹林玄学再到东晋玄学。东晋玄学只是竹林玄学的延续,在王羲之生活的东晋,玄学的基本内容并没有多大改变,但其思想外延逐渐由老庄覆盖到儒学和佛学的范围。这种影响辐射到社会日常生活上,人们的行为也不再像竹林七贤那样恣意而放达了,但是对于诗、酒以及风、神等方面的追求在东晋仍然保留下来。

在汉朝,道家和儒家轮替发展了很多年,魏晋玄学取代汉代儒学,实际上是一个转化和融合的过程。东晋玄学的发展没有西晋和曹魏时期那么兴盛,却更多地融合了儒学和道学甚至佛学的内容。六朝可以说更是儒、释、道的大融合时期。汉末儒学向玄学的转化主要体现在马融、郭泰、何晏和王弼这几个人的思想中,其中马融、郭泰都是儒家学者,他们在汉末大力推行老庄思想,竭力捏合儒家和老庄。何晏和王弼则是玄学的创始人。《文心雕龙》记载，由魏齐王正始年间，何晏与他的学生们广为推行玄学，于是老、庄与孔争路。玄学主要以《庄子》《老子》《周易》为经典，总称为"三玄"。何晏和王弼同是玄学的创始人，他们的思想内涵却不同，但是他们都同样尊崇孔子和儒学。何晏著有《论语集解》，王弼著有《论语释疑》，玄学也解读《论语》等儒家经典，只是其解释与汉儒的完全不同。儒家讲"性""道""教"，但是最重"教"，"天命为之性，率性为之道，修道之为教"。儒家不探求宇宙万物的本体，但是玄学所注重的是客观规律和宇宙本体，也就是说，玄学比儒家更加追求自然的本质和宇宙万事万物的本原，他们要找到解释一切根源的东西，而不仅限于人类社会里的规律。因此从今天的观念来看，玄学才是哲学。

正始玄学认为天地万物以无为本，主要论点是"道""有无""自然"。何晏、王弼对圣人的解释各不同，前者为二元本体论，后者为一元本体论。何晏是何进的孙子，曹操纳其母为妾，何晏娶金乡公主为妻，何晏否定孔子的圣贤地位而抬高老子。王弼与王粲同出于洛阳王氏一族，洛阳王氏与琅琊王氏、太原王氏为同宗。

魏末晋初的竹林玄学是玄学的高峰期，其代表人物为"竹林七贤"，竹林玄学也因此而得名。竹林玄学七个代表人物包括嵇康、阮籍、阮咸、刘伶、王戎、山涛和向秀。竹林玄学发起了对儒术、名教、三纲六纪最猛烈的批判，他们的口号是"越名教而任自然"。

竹林七贤分为三派：超越派——嵇康与曹魏联姻，但是他超越了党派之争的局限；王戎、向秀和山涛站在司马氏和各高门世族的立场；阮籍、阮咸、刘伶属于中间派，借酒纵情，矛盾苦闷，最终仍然选择世族的立场。竹林玄学以世族一派为主流。"林下之风"，指的是七贤之竹林游的典故：240~248 年，七贤在野外的竹林定期清谈聚会，他们常常在竹林之下聚集摆设宴席，他们与何晏、王弼在洛阳的殿堂里大谈玄风的做派形成对照。直到何晏被杀，竹林之游才宣告结束。成语"林下之风"被后世用来形容拥有像竹林七贤那样的闲雅神态、飘逸的风度和不羁于俗务的超然状态。

竹林玄学将庄学推为中心，玄学的发展经历了黄老学—老学—庄学三个过程。在竹林玄学之前，人们对于《庄子》的认识一直不高，疏于对庄学的研究，是竹林玄学将庄学研究推向高峰。

郭象（252~312），字子玄，元康时期玄学的代表。郭象就清楚地看到世族子弟是打着阮籍等人"越名教而任自然"的观念为幌子来遮掩其骄奢淫逸、放荡无耻的行为，美其名曰"通达""体道"。他不赞成将名教与自然对立，并提出"仁义是人之性情"。虽然玄学盛行一时，但是东晋以前玄学仅在洛阳一地兴盛，同时也是洛阳的高门世族独享的学说。《晋书·儒林传》记载，洛阳之外的地方仍然以儒学为主，尤其是在南朝的南部和北方的十六国，包括吴郡、巴郡、会稽、东海、济南、高密、上党、庐江、陈留、京兆、乐陵等地。反过来，以儒学的角度来看，能从一个侧面了解玄学的巨大影响力。《北史·儒林传序》称，当时南北儒学的发展各不相同，"章句好尚"方面，南人约简，得其英华；北人则"穷其枝叶"。北儒渊源来自东汉，东汉儒为老老实实的章句之学。南儒则以更简约的方式学习五经，显然是受到了南朝玄学的影响。

儒家经术之衰与老庄思想之兴有主客两方面因素：一、客观方面。据《颜氏家训》所论，汉人通经所以致用，今经学末流，既不能施之世务，则其势不得不衰。二、主观方面。汉儒说经既"累以阴阳五行之论，又流于章句烦琐之途；既不具有实用价值，又不能满足人的内心精神需求，故必为世人所厌弃"。章句之学式微衰落，究其原因，汉末学者治经盖有求根本义之趋向，而章句烦琐，适足以破坏大体，遂为当时通儒所不取。

东晋玄学是玄学和佛学合流时期，也是玄学的最后一个阶段。晋室东渡之后，东晋玄学没有作出更多的理论贡献。整个东晋，张湛的《列子注》是唯一代表性著作，其中也夹杂着佛教的理论。而东晋以后，王谢高门中再没有出现像王弼、王戎那样的代表人物，高门子弟对于玄学之风的继承更多地体现在他们的日常生活趣味和情调之上。东晋玄学出现了与释家融合的现象，例如佛教高僧与玄学名士相交往，名僧大多能清谈。东晋时期的佛经内容包括两类：安世高等翻译过来的小乘禅学和支谶等翻译的大乘"般若"学。般若学的根本思想是"本无"，"本无"与玄学"天地万物皆以无为本"的思想很接近，般若空宗一派学说接近玄学思想，所以大乘佛学在东晋时期得以广泛传播。

魏晋玄学以先秦典籍为"三玄"，但是三玄之学与先秦的《老子》《庄子》《易经》不同。首先，先秦的易学属于儒家体系，而玄学则以老庄解《易》，儒道结合。其次，玄学诸子除阮、嵇之外，主张儒道合一、调和二者，而先秦的老庄则反儒。最后，先秦的《老》《庄》主张"有生于无"，玄学则提出"以无为本，以有为末"以及"万物独化"观念，与先秦时期的道家思想有区别。这几点是先秦老庄之学与魏晋玄学"三玄"之间的区别。

## 二、名士竞风流

杜牧有诗云："大抵南朝皆放达，可怜东晋最风流。"魏晋南北朝是一个"名士"迭出的时代，比如竹林名士、江左名士等。魏晋名士最主要的标志是能谈玄，通晓老庄和圣人之道，论辩言语精妙，而且名士的言行举止有特定的形式，比如常手持拂尘、爱好修饰容颜、行为"任放""通达"，体现出个人性情等。后世有"是真名士自风流"之说。

在玄学义理的指导下，魏晋名士表现出不同于任何历史时期的独特行为和趣味。魏晋名士群体的独特性甚至在中国古代几千年的历史长河中再没有重复上演过，人们用"魏晋风流"（也被称为"魏晋风度"）对其进行总结和概括。魏晋风流的主体是当时的名士们。名士风流指的是魏晋时期的这种人物品格，文雅也是风流的特征之一。李泽厚认为，"从哲学理论说，这理想人格的追求本来自《庄子》，魏晋玄学却把它们落实到生死——人生感怀的情感中。魏晋整个意识形态具有的'智慧兼深情'的根本特征，即以此故。深情的感伤结合智慧的哲学，直接展现为美学风格，所谓'魏晋风流'，此之谓也"。魏晋风流，不是行为举止乖张，而是以智慧和见识为基础，进具治国安邦之才，退有自我修养之能，自然率性，潇洒不具。

后世儒家复兴，以文雅、端庄的正统姿态摈弃了魏晋玄学的狂放、任达的极端表现，"风流"一词也被"风度"所取代，取儒家的"风度翩翩而后君子"之意。魏晋风流是名士的放达与文雅，超越了形象的限制。道家的"名士"与儒家的"君子"成为古代传统知识分子两种不同的理想形象。

除了《晋书》，东晋名士的记载更多被收录在《人物志》和《世说新语》中。在这些记载中，随处可见魏晋名士们狂放、恣意、通达的言行举止。魏晋名士风流在放纵、任达形式下的实质为人性解放，摆脱汉儒名教礼法束缚，释放出人的性情与欲望。

## 放达

虽然肉体的快感不是他们的最终目的，但是裸体、嗜酒狂放却是竹林名士的一大特点。阮籍是放达派的代表，行为举止在时人眼里很是怪异，有悖于儒家礼教。阮籍为母服丧时照样饮酒吃肉。诀别时刻，阮籍却大叫一声，随即口吐鲜血，昏死过去，过了很久才醒来。他刻意用乖张、不羁的行为来反对世俗虚伪的礼教观念，其内心的情感和孝心并没有减少，反而更真实。阮籍能为青白眼，见到讲究礼教的俗士就翻出白眼相向。等到嵇康拎着酒夹着琴来了，阮籍大悦，才现出青眼。他还常一个人随性驾车，到处乱走，无路可走了，就痛哭一场再返回来，人们都说他疯疯癫癫的很"痴"。阮籍博览群书，好老庄、通晓儒家经典，能啸，也善弹琴和诗文。

阮籍整天披头散发，嗜酒放任，常常赤裸上身坐着喝酒。阮籍、阮咸等人用大瓮来盛酒，有时候一群猪跑来喝，他们也不在乎，就直接上去与猪共饮。阮籍认为猪与人没差别，"物我同等"。后来有些人便学他脱掉头巾、衣服，袒身露体，到处宣称自己是和阮籍一样的名士。阮籍借醉酒来躲避灾祸，一醉六十天而躲过了司马昭为司马炎的求婚，而他的《咏怀诗》开创出诗歌的一代新风。阮籍的儿子阮浑长大了也想学父亲的气度和做派，阮籍却制止了他，认为阮浑并没有真正理解自己放达行为的意义。

阮籍对异性美的追求也与众不同，足以说明他的放纵不以个人肉欲为目的。阮籍的嫂子回娘家，阮籍不避嫌，拉着手为嫂子送行。邻居家卖酒的妇人长得貌美，阮籍与朋友常爱去她那买酒喝，醉了索性就睡在美妇旁边，除此之外没有任何非分之举。阮籍的饮酒、隐退、随性游走、袒露甚至白眼都被后世文人所继承，悉数体现在后世文人的行为和书画文章中，甚至明末八大山人所画鸟兽的白眼向天也有阮籍的影子。

《世说新语·任诞》中记载，王孝伯问王大："阮籍何如司马相如？"王大回答说："阮籍胸中垒块，故须酒浇之。"阮籍、刘伶任情而发的冲动行为并不是要追求肉体的快感，他们的行为不但没有放纵肉欲带来的快感，恰恰相反，放纵的表面下传达出来的却是精神的极其痛苦以及分外悲凉的个人感受。不仅后人这样理解他们，当时的人也是这样理解的。

《老子》与《庄子》不同，老子强调面南之术，而庄子则强调内心的流转。庄学的本体论认为宇宙为无；人生观要求养生、去掉功名心，以自然状态生活；自然观即逍遥游。《庄子·让王》篇："名利禄位不足重，唯生为尊。"《庄子》对于理想人格的追求，在魏晋玄学中被落实到对生死和人生短暂的感怀上。行为怪异、举止乖张的魏晋名士更重视人的生死，他们常常以或悲歌或痛哭的动情形式来表达内心对人世间种种悲苦、离乱和死亡的真实感触，在情与理两个向度中感怀人生。名士的悲既为亲人、为自身，也为家国。生死的问题是每一个人所必须面对的事实，魏晋人对于生死如此看重，与他们的哲学思想有着密切的关系。道教追求长生之术，佛教修行为了来世，然而玄学既不是宗教也不是道德学说，玄学是哲学，哲学的第一个问题就是认识生死。玄学反对礼教但是对于人的生死却非常重视。《庄子》的很多篇幅都在讨论生死，甚至庄子丧妻"鼓盆而歌"的极端行为在阮籍等狂士那里得以继承，但是其重生死的本质并没有改变。

## 重情

《世说新语·任诞》记载王长史（字伯舆）登茅山，大恸，哭曰："琅琊王伯舆，终当为情死。"桓玄的宾客身体不适不能饮冷酒，连声叫侍从温酒来，未避桓玄父亲桓温的名讳时，桓玄顿时呜咽流涕，掩面而哭，让大家都十分尴尬。桓玄身为名士，很讲究子避父讳，而同为名士的王羲之和王献之等父子都以"之"字为名，毫不避讳，有其深层次的原因，这些后面会讲到。

思念故国、感伤离乱也让名士不由得悲伤。名士卫玠于渡江之初憔悴不堪，看到残破的家国感叹道：见此茫茫，不由得百感交集，"苟未免有情，亦复谁能遣此?"桓温北征，经过金城，看见以前种的小柳树都长成十围粗的大树，不由得感慨万分："木犹如此，人何以堪?"他折下柳枝拿在手中，泫然泪流。

## 生命意识

魏晋人看重生死，类似因生命的消逝而感伤不已、悲伤动情的强烈生命意识还体现在很多名士身上：

"卫洗马（卫玠）以永嘉（晋怀帝年号）六年丧，谢鲲哭之，感动路人。"谢鲲因为卫玠的去世而伤心，就连路人都被感动了。

顾彦先（顾荣，早年仕吴，归晋后曾官尚书郎），平生好琴。及丧，家人常以琴置灵床上。张季鹰（张翰）往哭之，不胜其恸。遂径上床鼓琴，作数曲竟，抚琴曰："顾彦先颇复赏此不?"因又大恸。张翰不拘礼节，径自在顾荣的灵堂上弹琴，弹罢问顾荣还喜欢听这个吗？张翰为逝者鼓琴要表明自己与死者的交流不会因为他的去世而改变，用琴声来缅怀和追忆朋友间美好的过去，生死之隔不能改变他们之间的真挚情谊。

魏晋名士不仅因家人朋友的逝去而悲伤，甚至对手、仇人、陌生人的去世也会伤感不已、他们的哀悼仅仅是为了生命的离去、才华的消逝，而不在乎个人间的恩怨。王珣平日里与谢安关系并不好，谢安死后他却前往哭丧。护卫从没有见过他，不让他进去拜祭，王珣不与之纠缠，径直走进灵堂里大哭祭奠谢安。

王氏高门出了很多风流名士，王戎、王衍、王羲之、王徽之、王献之都很有名。王戎（234～305），字浚冲，竹林七贤之一。他天生有能直视太阳的异秉，双目炯炯有神，裴楷见了说："戎眼灿灿，如岩下电。"阮籍是其父王浑的好友，比王戎大二十岁，却和王戎成为忘年交，每次去王浑家都要看看王戎。

王戎幼年时便聪颖过人，显露出超凡的智慧。有一回，他和小伙伴游玩，看到路边一棵硕果累累的李树，大家抢摘，只有王戎不去，说那一定是苦李。大家一尝果然如此。王戎还"精通黄老"，擅长"人伦鉴识"，看人很准。王敦是他的族弟，当时名气很大，但是王戎却很讨厌他，王敦一去他就称病不出，后来王敦果然叛乱。王戎很有名士气度，他曾身处危难之间临危不乱、镇定自如，亲接锋刃，谈笑自若，没有流露出丝毫惧怕的神情。王戎还好客，喜欢款待亲友宾朋，欢娱永日。

王戎的品行在何晏、嵇康等人被杀之后发生了极大的转变，政治上他只求明哲保身，竹林之游时期的清逸品味也逐渐变了味。这个曾经拒绝过门生数百万钱馈赠的名士，后来却变得很贪财、吝啬。女儿借钱没还，回到娘家他就不给好脸色，拿到钱后他马上笑脸相迎。王戎自家产的李子很好吃，他不顾身份拿出去卖钱，可是又怕别人得到种子，便把李子核钻破。王戎注意仪表，喜欢保持飘逸的身材，他的儿子王万，长得很漂亮，但是小时候很胖，王戎就让他吃糠减肥，但是不知怎么回事，王万却越吃糠越肥，长到十九岁便死了。山简来探望，安慰他说："孩子只是怀抱中物，何至于此？"王戎回答说：圣人忘情，下等人没有感情，而"情之所中，正在我辈"。他的话让山简感动不已。长子死了，王戎干脆过继了从弟阳平太守王憎的一个儿子为嗣，继承爵位，就是不把爵位传给自己不喜欢的庶子王兴。虽然有些行为举止很奇怪，前后行为不一，但是王戎的行为却和竹林玄学所追求任达、放纵性情的一贯旨趣相符。

王衍（256~311），字夷甫，王戎的从弟，官至西晋宰辅。年少时神情明秀，山涛见到王衍，感慨地说道：哪个老太婆能生出这样标致的小儿来！王衍聪慧异常，善辩，好清谈，生性清高，睡觉起来见房间被钱堵住出路，他只大叫：把那东西拿开！从不提钱字。成语"信口雌黄"出自他的故事。据《晋书》记载，王衍俊美非凡，清谈才能声名远播，每次清谈喜欢手持玉柄浮尘，手与玉同色。而当论辩中自己义理有误差的时候马上更换口风，于是被世人称作"信口雌黄"。这位名倾一时的宰相，在朝堂之上结党营私、左右逢源、崇尚虚浮，终于在310年被石勒所擒，王衍竟然厚颜无耻地为自己开脱，劝石勒称帝以偷生，结果在晚上被石勒命人推倒砖墙压死，王衍也因此成为清谈误国的一个例子。

王敦生性豪爽，晋武帝与群臣谈论音乐，他不懂，说只会击鼓。武帝命王敦当众表演，他的鼓击得"神气豪上，旁若无人。举座叹其雄爽"，王敦的豪强性格可见一斑。他还轻视他人生命，不妥协于权威的胁迫。石崇在宴席上喜欢派美人劝酒，客人不喝就派黄门杀掉劝酒美人。王导不胜酒力还在硬撑，可王敦就是不喝想看石崇怎么办，石崇一连杀掉三个美人，王敦还是坚决不饮酒。王导在一旁劝王敦，王敦却说：他杀自家的美人，跟我有什么关系！

王敦却并不是刚愎自用的人，当有人劝他戒掉贪恋美色的毛病时，他立刻接受意见，改过自新，打开后阁，马上放走了几十个奴婢。

王衍、王徽之对亲人的去世，都表现出极大的悲痛，王彬甚至不惜生命来表达对好友之死的哀痛。王献之和王徽之同时生病，徽之听到有方士说，一个人的生命要终结时，如果有人愿意代他去死的话，那么将死之人就能获得重生。王徽之即对方士说："我的才能不如我弟弟，请把我的寿命给他。"方士说："代人死的那个，是应该自己还有寿命的。现在你和你弟弟的寿命都快尽了，拿什么代？"不久，王献之去世了，王徽之前来吊唁，奔丧不哭，直接走进灵堂坐上灵床，命人取来王献之最心爱的琴弹奏，哪知曲不成调，王徽之一把摔掉琴，长叹："子敬，子敬，人琴俱亡！"接着就昏倒在一旁。没过个把月，王徽之也郁郁而终。虽然时人都钦慕王徽之的才华而鄙夷他古怪的行为，但是大度到甘愿拿自己宝贵的生命来换取他人的生命，王徽之这般名士气度却无人能及。在王羲之的儿子中，以王徽之最具魏晋精髓。

## 归隐

名士们纵情于山水之间，表现出超脱和潇洒的心态，有些还隐退于山林，拒绝俗务。道家哲学的基本要义就是回归自然，认为人的生命是宇宙精神的自然显现，人归于自然，就是复归自己的最真实的本原状态，庄子称其为"归于天"，庄学就是要回归人的真实生命。充斥着杀戮和钩心斗角的政治生活根本不适合人的这种自然本性，名士要体验生命的畅游，于是他们试图寻求以山水游历的途径达到。如谢安常带着一群妓女，在东山到处游山玩水，根本不在乎旁人的指指点点。谢安爱和朋友们一起游玩、聚会，谈玄论道，直到四十多岁才出仕。

辞官和拒不出仕是魏晋名士放弃社会名教的另一重要特征。辞官名士中最著名的是张翰，他辞官的公开理由竟然是想念故乡的美食。张翰，字季鹰，号称"吴中阮籍"，是追求

"适意"而把名教置于脑后的一个典型。他在洛阳做官，因秋风起而思念起家乡吴中的菰菜羹、鲈鱼脍，便弃官还乡。他说："人生贵得适意尔，何能羁宦数千里以要名爵?"有人对他说："卿乃可纵适一时，独不为身后名邪?"他回答说，身后名还不如即时一杯酒。

陶渊明是东晋后期的名士代表，陶渊明钟爱退隐的心态和恬静的田园生活。如果把竹林七贤的任性而冲动与陶渊明的退隐田园作为魏晋名士的前后两个阶段的话，那么王羲之就是二者的中间环节。王羲之也是既放任又纵情，常为生死感伤，他不但辞官，还命家人在他死后拒绝一切封号，用一生实践着他"性骨鲠"的特点。

## 雅好

王羲之和他的儿子们也是这种名士风流的代表。《世说新语》的"任诞"和"简傲"等篇记载和描述了王羲之与他儿子们的诸种表现。王羲之辞官之后和道友一起遍游于山林。王羲之的几个儿子中最具有魏晋名士洒脱、任情特质的是王徽之。王徽之，字子猷。住在山阴，一天晚上下起了大雪，他打开房门喝酒，雪夜一片皎洁，他在咏《招隐》诗的时候突然格外思念好友戴逵。戴家在剡县，王徽之半夜就乘船前往。走了一个晚上刚到戴逵家门口，他却掉头回家了。人们问他缘故，他解释说"吾本乘兴而行，兴尽而返"，何必非要见到戴逵呢?

王徽之酷爱竹子，搬到山阴之后，他在房子周围种满了竹子，每天在竹下吟咏。他连去别人家小住也要种上竹子，有人问他不过小住为什么还要这么麻烦。他指着竹林回答说，"何可一日无此君?"竹子被中国古代文人赋予了极高的审美意味，竹子常常用来比兴士人清高、不屈的精神。中国历史上酷爱竹的文人恐怕最早要算王徽之了，他的"不可一日无此君"延续为苏轼的"食有鱼，居有竹"的理想、郑板桥的竹画等等，竹子也成为中国古代文人的最爱。

还有一次，王徽之乘船去建康的路上遇见了擅长音律的桓伊，他们素不相识，但是彼此早闻其名。有人告诉他那就是桓子野，王徽之于是派人叫住了岸边坐车赶路的桓伊，请他为自己吹奏一曲。桓伊当时的地位已经很显赫，但是他听到王徽之的听曲要求，毫不生气，马上命令车掉转回来，下车架起胡床，为船上的王徽之演奏了三支曲子，随后径自离开，两个人始终没有一句对话。这种名士之间的洒脱和任情之态，丝毫不沾染名利熏染，非常难得。虽然他们的行为都很怪异，但是这种秉承道家"去智"的观念，不用语言，而靠内心的沟通和理解的交往方式更显示出他们的高雅、脱俗和可爱。

名士们有的偏重理，有的则更重情。对于金钱的观念各不相同，有的爱财敛财，如王衍；有的则清心寡欲，不重钱帛，如王导仓无储谷、山涛简素寡欲。

## 女性解放

名士风流在性别制约上也有所突破，女性受到这股开放风气的影响，地位较以往有所提高，女性相对解放体现在对异性的大胆欣赏、婚姻的自主选择以及社会活动的积极参与之中。魏晋妇女勇于追求和向往美好事物、追求个人幸福，大胆示爱、择婿的例子也屡见不鲜，所以才有"看杀卫玠"的典故。《世说新语·贤媛》里有段关于韩氏的故事：嵇康、阮籍在山涛家夜谈，山涛妻子韩氏久慕其名，忍不住躲在屏风后面偷看，直到天亮。山涛问她觉得嵇、阮怎样。韩氏说：你的才能和风致不如他们，正应当好好结交他们。韩氏在丈夫面前毫不隐瞒对嵇康、阮籍的赞赏行为，打破了汉儒的《女诫》限制，女性意识相当自由和开放。

魏晋时期，不但女性自觉意识启蒙，而且整个社会在一定程度上也能够接受这种女性自觉意识的挑战。女性的个性与才华也得到彰显，涌现出不少通晓诗文书画，气度修养不亚于名士的优秀女性。她们的才华和能力来自良好的家庭教育，这种世族内部的教育模式在这些女性的身上得以延续，她们以延续者甚至传授者的身份出现在家族教育历史中，扮演重要的角色。

如王羲之的老师卫夫人，得钟繇笔法并传授王羲之。卫夫人之子李充，中书郎，擅长书法，他的妻子扶风马夫人，是大司农皇甫规之女，有才学，工隶书。李充死后，董卓想娶马夫人为妻，马夫人坚决不从，被董卓杀害。晋武帝的皇后叫杨艳，不但长相美丽，聪颖善书，而且还很会做女工活。王献之的女儿王神爱为安僖皇后，善书，可惜只活到二十九岁便去世了。王僧达之子王融，从小跟随母亲学习书法。他的母亲是临川太守谢惠宣之女。《玉台新咏》中大量收录了魏晋南北朝众多女诗人的作品，一大批女性的诗作得以流传，包括甄皇后、刘勋妻、王叔英妻、李夫人、孙绰情人、桃叶、鲍令辉等。其中，西晋的左思、左芬和南齐的鲍昭、鲍令辉两对兄妹诗文互答、交相辉映，最为著名。鲍令辉有《拟客从远方来》："客从远方来，赠我漆鸣琴，木有相思文，现有别离音。终身执此调，岁寒不改心，愿作阳春曲，宫商长相寻。"

## 真假名士

名士风流是以极端的、有悖常理的方式来反对礼教、伪君子。名士精通儒家礼法，却要撕掉礼教的假面具。有伪君子就有假名士。由于清谈误国，假名士在整个社会上横行，败坏世风，丑恶、淫邪行径不断，为世人所诟病，同时也为玄学和魏晋名士带来历史的恶名和误解。

葛洪在《抱朴子外篇·疾谬》中，列数世间假名士的种种"无行"之举："蓬发乱鬓，横挟不滞。衣以接人，或裸袒而箕踞。朋友……其相见也，不复叙离阔，问安否。宾则入门而呼奴，主则望客而唤狗。其或不尔，不成亲至而弃之，不与为党。及好会，则狐蹲牛饮，争食竞割，掣拨淼折，无复廉耻。以同此者为泰，以不尔者为劣。"这些人打着名士的旗号，蓬头垢面，衣不蔽体。朋友相见互不问安，客人称主人为奴，主人叫客人为狗。有当众洗脚的，还有随地大小便的，有不顾客人只管自己大吃的。聚会上，坐没坐相，站没站相，不顾廉耻如禽兽一般争抢食物。遇到和他们一样的人就上前叫好，不一样的就说人的坏话。

在《刺骄》中，葛洪对假名士及其丑恶行径有着详细的描述和分析："世人闻戴叔鸾、阮嗣宗傲俗自放，见谓大度，而不量其材力非傲生之匹，而慕学之：或乱项科头，或裸袒蹲夷，或濯脚于稠众，或溲便于人前，或停客而独食，或行酒而止所亲……夫古人所谓'通达'者，谓通于道德，达于仁义耳，岂谓通乎亵黩而达于淫邪哉！"葛洪的这段话明确区分了真假名士。他说世人听闻名士戴良、阮籍的放诞行为而争相效仿，却自不量力，只学得其皮毛，根本学不来真名士傲视俗世的器量。老庄所讲的"通达"，是以内在的道德和外在的仁义作为基础，那些赤身裸体、随地大小便，混同于禽兽，以淫邪怪癖为"通达"而自命清高的人都是假名士。葛洪认为假名士丝毫没有廉耻的行为都是淫邪之举，与真名士有着天壤之别。

谢安（320~385），字安石，陈郡阳夏人（今河南太康）。名士桓彝见到四岁的谢安，就夸奖他风神秀彻，长大后的成就不会低于名士王承。谢安几岁时，遇上哥哥谢奕在惩罚一个犯罪的老翁，不停地给他灌酒，老翁醉了还没停止。谢安坐在兄长的身边提意见：哥哥，这个老翁很可怜，怎么可以这么对他呢？谢奕认真地问："你是想要我放了他吗?"于是听从谢安的意见放了老翁。谢安是东晋风流的第一人，是一位"风流丞相"，他的仁爱之心基于伟大而独立的人格基础。名士不仅清峻、飘逸、率性，而且具有仁爱、宽恕的品德。

曾称赞王羲之为"王门三少"的那位阮裕，住剡县时，家里有一辆豪华大车，随便谁来借车阮裕都欣然答应。有个人家里办丧事，想来借车办葬礼却始终不好意思开口。阮裕事后知道了这件事情，长叹一声："我有车却让人不敢来借，这车还有什么用?"于是一把火把车烧了。

不仅文臣具有仁爱、宽恕之心，甚至以武力夺取天下的豪强武将也是一样。王敦虽然好杀，但是他所针对的只是自己的政治敌人。为敬酒而死的美人在他眼里只是石崇"杀他自家的人"，他并不想杀人，以王敦的强硬个性不肯妥协和屈服而已，所以才对王导作如此回答。王敦与石崇不同，虽然他两次起兵"勤王"，但是正史仍然以东晋中兴重臣来评价他。魏晋名士中也不乏雄武之士，如刘琨、王敦、陶侃、祖逖、桓温、周处等。桓温过王敦墓时，早已物是人非，但他不顾世俗偏见，赞叹道："可儿! 可儿!"对王敦当年的豪迈气魄钦佩不已。

即使桓温也有仁爱之心。有记载桓温入蜀，船至三峡，行进的队伍里有人抓了一只小猴子，母猴在岸边攀爬哀号，竟然跟着队伍走了百余里，最后母猴拼死跃上船来，落地即亡。剖开母猴的肚子一看，肠皆寸断。桓温听说后大怒，立即下令罢黜这个抓猴人。虽然野猴只是动物，但是其生命也不容被如此残忍践踏。

假名士"以同此者为泰，以不尔者为劣"——葛洪的尖锐批评正好指出了魏晋名士的特殊之处，名士超越世俗礼教，但是极其重视生命的宝贵性和唯一性，并且具有伟大的胸襟，假名士的虚伪恰恰在于不容异己、以私欲为重。

## 三、士的精神与文人书法精髓

自觉意识、独立性和家学传承是士阶层崛起的标志。汉晋之际士大夫之自觉分为士的群体自觉与个体自觉两个层次。群体自觉阶段经过内在分化，最终衍变成为士大夫个体自觉。其中，家学、地域分化和阶层意识是三个主要表现。汉代起，各地士大夫皆自成集团，交游结党之风，地域分化观念就已形成。士族群体自觉别于其他社会阶层，其内部进一步分化。

除地域分化外，士大夫上层与下层的分化是一种特殊的群体自觉，初以德行为标准，后衍变为世族和寒门对峙。世族与寒族的区分不体现在地域上，而体现在家门和家学之上。世族之间有界限严格的自觉意识：一、不妄通宾客，不交非类；二、天下名士，门无杂宾。上层士大夫以门第家世自矜而形成特殊的社交圈子。门无杂宾以保证小集团的利益。

由士之群体自觉发展为士之个体自觉。个体自觉即自觉为具有独立精神之个体，并处处表现自身的独特性，以区别于其他。士族不等同于封建贵族，它是在封建世袭制度之下发展出来的知识分子群体。魏晋南北朝处于隋唐科举制度之前的阶段，除了凭军功获取功名和荫袭之外，没有其他直接取仕的途径。魏晋人物品藻在官方制度之外提供给士族在门阀之外的生存机会。自东汉起，士风竞以名行相高，特立独行之士辈出，"各绝智虑以显一己之超卓"。士之欲求名者，势必争奇斗妍，以特立独行而超越他人。

而自南北朝以下，士大夫非天子所命，具有极强的独立性。臣强君弱，人物品藻带来的社会名望大大盖过家门阀阅所给予的等级。因此，魏晋名士才敢于抗王命、颉颃天子。魏晋士阶层的自我意识集中体现在"简傲"和"雅量"两方面上。如果说"任诞"以任情为美，体现了玄学"适性"的新变，那么"雅量"则以节情制欲为美，保留了庄子"适性"逍遥的本义。

裴遐在周馥家中下棋，因专心下棋未及时喝酒，负责敬酒的下人便愤怒地把他扯倒在地。裴遐从地上爬起来，回到位子上继续下棋，举止如常。事后有人问他怎么能做到，他回答："默默忍受罢了！"

谢安与王文度一同去拜访郗超，等到天黑了还未见到郗超。王文度忍不住了，便想回去，谢安则神态安然地说："就不能再忍耐片刻吗？"

谢奉丢了吏部尚书的官职，谢安想安慰一下他，可每当要谈及此事，谢奉总是岔开话题。虽然两人同住了两夜，却一直没有谈及丢官的事。谢安感叹：谢奉真是"奇士"也。

士的精神，上以屈原为例，忧国忧民，敢于破家为国，投命直言，忧时哭世，遗功社会，以天下为己任。魏晋之后的名士不再以经国远图为重，这是魏晋名士和汉代名士最大的区别。最典型的例子就是，何晏、阮籍素有高名于世，却口谈浮虚，不遵礼法，"仕不事事"，他们出仕当官但却不务实。陈寅恪认为"如果是林泉隐逸清谈玄理，则纵使无益于国计民生，也不致误国。清谈误国，正因在朝廷执政即负有最大责任的达官，崇尚虚无，口谈玄远，不屑综理世务之故。"

个体自觉又可以征之于其时之人物评论。人物评论为汉末清议之要旨，亦为魏晋玄理清谈一部分之所从出。清议日隆，人物评论遂发展为专门的人伦鉴识，即人物品藻。人伦鉴识之学亦有助于个人意识之成长，人物评论和个体自觉互为因果。

魏晋人物品藻来源于汉代的相术。汉代察人术大体由外形以推论内心，自表征以推断本质，如王充《论衡·骨相篇》《无形篇》，刘劭《人物志》。汉代相术以自然命定之理论，观察人物情性志气之道，到东汉至曹魏均被奉为圭臬。随着时世与思想的推移，人物评论与命相之术分开。

人物评论还与容貌和言论密切相关，这两方面也是士个体自觉的要素。《人物志》中归纳有"九征"和"八观"。尚容止，习清言，为两晋士大夫之风尚，但其风始于曹魏正始时期。魏晋以下士大夫手持粉白，口习清言，行步顾影自怜之风悉启自东汉晚期，为士大夫个体自觉高度发展之结果。

对自然的发现与个体之自觉相伴而来。怡情山水即为士大夫生活中不可缺少的一部分。山水之美与哀乐之情相交织，故七贤有竹林之游，名士有兰亭之会。

士大夫具文学艺术之修养，本不足异。但文学艺术之欣赏为理想生活的一部分并蔚为风尚，则启于东汉中叶以后，也是士大夫普遍具内心自觉之象征。文学以外，艺术修养至少包括音乐、书法、棋艺等。东晋谢灵运的《山居赋》表达出汉魏两晋以来士大夫欣赏自然美景之共同精神。音乐既为士大夫日常生活之一，而其事又无关乎利禄，则必因与士之内心情感相感应。

自殷代甲骨文以来，书法在不同历史时期，有着明显的风格变化。如殷代的甲骨文、商周时期的钟鼎文、汉隶八分、晋代的真行草书等等。讲究筋、骨、血、肉，传统书论对于用笔、结构和章法，甚至对纸墨笔砚的制作和使用都有着严格的规范。书法具有笔、画、篇章、结构的形式美，在审美想象中动静转化的气韵生动。书法被扬雄称为"心画"；孙过庭称其为"本乎天地之心"；盛熙明《法书考》称："夫书者，心之迹也。"书法之艺术化，始于东汉。当时有"四体书"，指古文、篆、隶、草。以草书最能表现个性，其次为隶书。书法的特点，只可意会不可言传，形式大于内容，不滞于物，变化多端（较之于东晋的绘画）独具风骨。

在中国的传统艺术中，书法最为充分、集中地体现了中华民族的审美意识。书法的特点在于用抽象的表现形式来传达文字和符号的审美意味，并形成一种超越文字内涵的艺术形式。书法以写作为目的却超越了文字书写的实用性，以纯粹的造型为审美对象，因而具有独特的艺术表现力和感染力。汉字书法的基本工具是纸和毛笔，以方块结构的象形文字为表达对象。中国的象形文字其结构字体都与自然界中的事物有着密切的关联。文字符号表达出的不仅是概念，而且还包含有生命感，书家用字的结构形式来表达物象结构以及人与自然的勃勃生机。

文字符号以抽象变形的形式不同于绘画。传统绘画首先以对自然事物、具体形象的再现为基础，书法的基础就是抽象的符号，最初的书法是以信息内容的传递和抽象形式符号为基础，其后的变形以审美为目的，实用性大大降低。线条和画面营造出完全独立的审美时空，对这种时间与空间的理解需要深厚的历史、文化基础和审美趣味作为其先决条件。中国美学要求艺术形式中表现出宇宙的气韵、生命和生机，艺术作品中不仅要蕴含深沉的宇宙感，还要有历史感和人生感。

# 四、晋人之美重神韵

书法是造型艺术中对线条形式最直接和最充分的展露。晋人尚"韵"是造型艺术中对外在形式感的内在提升，书法的内涵朝着表意的方向发展，形式大于内容。魏晋书法的美学观念包括内外两个方面：既有属于内在层面的笔法、结构、章法等因素考量，还从抽象的书法造型中凸显出外在层面上的文化思潮和社会观念意识的影响。晋人尚韵的思想直接源于魏晋玄学、玄风。魏晋玄学直接继承了先秦道家的传统，魏晋士人把老庄那种以个体生命为重、逍遥放达的人生理想付诸实践。

魏晋书法中的"骨法用笔"，"骨"即从人物品藻而来。谢赫的"骨法"来源于羊欣的"骨势"、王僧虔的"骨力"、袁昂的"骨气"。书法在晋代已经达到成熟，而绘画技法和原则在当时还处于以单一的线条构造人物轮廓的阶段。书法的笔法早于绘画技法，魏晋时期成熟的书法技巧与原则大大地影响到绘画技法。在技法形式上，魏晋时期的人物画法主要是以单纯的勾线填色法来模拟和再现自然物体和人物轮廓，因此绘画中大量地借鉴了书法成熟的用笔技巧。

书法的成熟体现在大批书家的涌现、技法的成熟以及丰富的书法理论这三个特征之上。汉代的画家在历史上留名的很少，现存作品大多属于宫廷画师，另一些则是大量无名民间艺匠所作的汉画像石和汉画像砖。而魏晋士大夫阶层书画风气的形成，才真正推动中国古代书画进入发展和成熟阶段。魏晋士族主体的自觉意识推动书法、绘画由"成教化、助人伦"的"教化"向"赏悦"转变。士族、宫廷画师、民间艺匠作为三个群体同时存在，但士族成为书法绘画雅俗之分的开创者和引领者，为书画加入了更多的中国传统文化内涵。书画由此转变为古代上层社会的高雅艺术形态。书法的功能性逐渐被审美性所取代，是晋书走向成熟形态的一大标志。

魏晋南北朝时期有几个主要美学命题："得意忘象""声无哀乐""传神写照""气韵生动""澄怀味象"。其中最重要的一个命题是"气韵生动"，"气韵生动"这一原则指导并规范了传统艺术上千年的发展历程。"气"，为天地万物之生气。例如《庄子》讲"人之生，气之聚也。聚则为生，散则为死"，

"气"在《庄子》里是指人的生命的根本。"气"不仅指人的生命还包括人的精神状态。

"韵"，指的是音乐中的节奏和音律。在东晋之后，"韵"成为人物品藻中的一个重要概念，在魏晋人物品藻中出现了大量对"韵"的运用，如"高韵""神韵""风韵""天韵""风气韵度""风韵遒迈"等。人伦鉴识中的"韵"指的是一个人通过内在外在形式所表现出来的韵度。"气"与"韵"，一为阳刚一为阴柔，构成一个完整的宇宙整体。韵的阴柔之美，必须要以超俗的纯洁性为基础，所以"清""远"是"韵"的内容。

"韵"受到庄学的影响，但是，不是以人物为代表而是以自然山水（包含着人的）为代表的"自然"，才是庄学精神的归结之地。因此，"韵"最终归结于天地、自然中。新体书法的大力革新，推动了书法由古体向新体转变，楷书体系的清新、自然、简约受到了书法技巧和审美观念的影响。草、行、楷所追求的流畅、自然、妍美与"气""韵"观念相结合，体现为一种妍丽与文雅的审美理想。《书断》中所讲："天姿特秀，若鸿雁奋六翮，飘摇乎清风之上。率性所欲，如天姿之美。"李嗣真《书后品》对于卫恒书法的评价："纵任轻巧，流转风媚，风健有余，便媚闲雅，谅少俦匹。"南梁袁昂《古今书评》对卫书的评价："如插花美女，舞笑镜台。"尤其是王羲之的书法风格妍美、流畅，李嗣真认为王羲之的书法"若草行杂体，如清风出袖，明月入怀"，形容其书法自然俊逸、姿态多变。这种美正是一种"清水出芙蓉，天然去雕饰"的天然之美。这些都表现出对韵味的追求。

魏晋开创的对"自然—山水"的艺术自觉，较之在人自身所引起的艺术自觉，更能契合庄子的艺术精神。西方风景画开始于17世纪的荷兰，到"1830年画派"的出现，风景画才在欧洲占有一席之地，而中国的风景画要早于西方一千多年。中国山水画是在书法技法和独特趣味的引领下才逐渐脱胎的。

# 五、纸与士族社会交往方式

在汉字由单纯的文字转变为书法的过程中，纸张的贡献功不可没。造纸术发明后，纸的发展推动了书法艺术的成熟，推动魏晋出现"书法—家学"创作高峰。自蔡伦造纸之后，发展到魏晋南北朝时期，造纸技术比汉代已经有明显的进步。出土的魏晋纸张比汉纸白，纸质平滑、紧凑、细薄。汉代纸、帛、简牍并用，到晋代，高产量、洁白、平滑又方正的纸张彻底淘汰了帛与简牍成为书写的材料。西晋时期，官吏在正式文书书写中使用纸取代绢、帛和竹简。《艺文类聚》的《杂文部·纸》有载，陈寿死，西晋朝廷"诏下河南，遣吏赍纸、笔，就寿门下，写取国志"。即是说陈寿死了，西晋下诏并派遣官吏赏赐纸笔来编写国志，这样来看，纸笔在西晋时期还是较珍贵的物品。

到东晋，纸完全取代竹简成为书写的主要工具，竹简被废弃不用了。《桓玄伪事》："古无纸，故用简，非主于敬也。今诸用简者，皆以黄纸代之。"当时的纸有黄纸与白纸的区别，南朝官府等官事用黄纸记载，民事或者犯罪官吏的事件，用白纸记载。

《前燕录》里有段这样的记载：慕容隽三年，广义将军岷山公黄纸上表，慕容隽说："吾名号未异于前，何宜便尔？自今但可白纸称疏。"慕容隽认为自己当时未改国号，不必要用黄纸给他上疏。这说明，当时黄纸不但珍贵而且具有特殊的意义——帝王御用之物。

较之于以往的书写材料，纸具有多层次、多方面的表现效果，能够在日常生活中体现出更为便捷的优势。造纸业的普遍、造纸技术的进步在魏晋时期，尤其到了南朝的梁朝时，得到了飞速的提升，民间造纸业逐渐发展起来。

六朝的地主庄园大都开设造纸作坊，纸的原材料有树皮、草根、渔网等便宜易得之物。由于纸的大量需求，民间造纸技术不断提升，不但纸的质量和制作技术达到一定高度，而且出现了以造纸闻名的县和村。南北各地都设有官私纸坊，原料以麻料为主，添加树皮、桑皮、藤皮等。造纸技术革新上，添加了施胶环节，处理后的纸解决了走墨、晕染现象。在这个时期出现了活动的帘床纸模，能在纸浆中捞取紧薄均细的纸面，并且人们在纸张的表面刷上矿物质粉，在其中添加防虫蛀的药物。剡溪和余杭的由拳村就是藤纸的著名产地。

宋文帝一朝的张永，"有巧思"，他善于制造纸和墨。宋文帝每次拿到张永用自制的纸上表的文书，都反复观赏，赞叹宫廷专供御纸都比不上张永自制的纸。当时的文书都是用藤角纸而不是土纸书写。桓玄曾下令制造过一种极为精巧的"青赤缥绿桃花纸"。从名字上来看，这种纸明显不是作为官方文书的用纸，它有着五彩颜色。

纸不但变为人们日常生活中的必需品，而且也是文人的把玩之物，南朝出现很多吟咏纸的诗歌。梁宣帝有《咏纸诗》："皎白犹霜雪，方正若布棋。宣情且记事，宁同渔网时。"梁江洪的《为傅建康咏红笺诗》："灼烁类蕖开，轻明似霞破。"傅咸还在《纸赋》中赞美过纸的便捷："揽之则舒，舍之则卷。"

《语林》记载，王羲之为会稽令，因谢安"就乞笺纸"，王羲之"检校库中，有九万笺纸"，全都给了谢安。一个县用纸的库存量大致是九万笺纸，说明纸在东晋已经不是很稀罕的东西了。但是民用的话，即便谢安这样高门出身的名士，还需要开口向别人要纸来用。

读书习字需要大量的用纸，王谢高门自然不愁无纸可用。但是在普通人的生活里，所用的纸容易得到吗？葛洪与王羲之生活的年代相差不远，是两晋道教最重要的人物，他的际遇可以为我们提供一个审视的角度。葛洪，字稚川，号抱朴子，丹阳句容人（今江苏句容），晋代道教学者、炼丹家、医家。父亲葛悌为邵陵太守，葛洪为娇生惯养的第三子，懒散不苦读。十三岁丧父后家境困顿，葛洪一改懒散，勤学苦读。他常以砍柴所得换取纸笔，研习抄读。每一张纸都倍加珍惜，正反两面反复抄写，直至无法再写。葛洪家贫，但是他还是可以拿微薄的柴资来换取读书写字的纸。以上这些材料说明，随着技术不断进步，纸在东晋已经非常普及，并且造价相对便宜，而且纸的品种很丰富，甚至有些纸有着专门的用途。

书法艺术的两个基础：一是士族自觉意识的萌发，二为造纸技术达到一定的高度。

与纸的广泛运用相对应，书法的法帖开始出现，尺牍、书札在纸质书写材料上能够表现出更丰富的层次，纸张能体现出墨色的枯、淡、浓、润等不同风格。用纸书写能打破简牍书写的空间局限性，书写能同时在横向与纵向两个向度展开。简牍书法中字与字之间的连接不那么紧密，虽然与篆隶字体有关，但是材料所造成的局限也是影响书法发展的一个重要问题。

纸是书写的工具，而且是文人之间的交往活动必不可少的物品，文人饮酒谈玄，诗词唱和都需要大量的纸。在魏晋南北朝时期，出现了文人专属的集会活动，这种集会活动构成了士族社会的独特交往方式。文人集会活动大大促进了文学的发展。这里所讲的"文学"包括诗词曲赋、书法以及音乐舞蹈等创作形式。

魏晋南北朝的文人聚会在不同的历史时期分别表现为：邺

宫西园之会、金谷之会、竹林之会、兰亭之会、乌衣之会、鸡笼山西邸之会几个阶段。

一、邺宫西园之会的主角就是汉魏著名的诗人"建安七子"和蔡文姬等人。曹操在建安十五年至二十二年间（210～217），在邺城颁布"求才三令"，称只问才能不问儒家道德。天下文人都聚于邺城，经常在城市里开展聚会，开启了邺城文风。从保留下来的建安诸子诗文，对当时聚会的描述来看，邺宫的西园是建安聚会游览、宴聚和吟咏的主要场所。曹植、王粲的《公宴诗》，曹丕的《芙蓉池作》都描写了西园和芙蓉池。

二、金谷之会是西晋著名文人的集会赋诗活动。金谷，为水名，金谷水出自太白原，东南流历金谷，谓之金水。西晋大富豪石崇在洛阳的金谷水之上修建了自己的别墅——金谷园。刘孝标注引石崇《金谷诗叙》：有别庐在河南县界金谷涧中，或高或下，有清泉茂竹，众果竹柏药草之属，莫不必备。金谷园中，宾客盈门昼夜游宴赋诗。石崇是西晋"二十四友"之首，又富可敌国，他经常召集文人在金谷游园诗宴，活动频繁。

三、竹林之会就是竹林七贤在洛阳野外的竹林开展的玄谈聚会。

四、兰亭之会。王羲之于永和九年的兰亭之会沿袭了古代上巳节的习俗。古人有在每年的三月三赴水边"修禊"的习俗，在水边举行去除不祥的祭祀活动。后来在这个活动中添加了更多的内容，如流杯、歌舞、诗赋等。兰亭之会将中原洛阳的风俗带到了江南，并且发扬光大，成为历史上最为著名的文人聚会。

五、乌衣之会是南朝初年文人举行的集会活动。乌衣之游见于谢混的史籍。《南史》记载，谢混"风格高峻"，与他常来往的只有同族的谢灵运、谢瞻、谢晦、谢曜几个，一起谈论文章。他们几个人的聚会常在建康的乌衣巷内举行，因此被称为"乌衣之游"。谢混在诗里说："昔为乌衣游，戚戚皆亲姓。"谢灵运是元嘉三大家之一，山水诗的开创者，文采非凡。乌衣之游以谢家高门的几个子弟为主，文人集会活动由此进入家族时代。后世很多的家族诗会来源于此。谢灵运后来结交了谢惠连、何长瑜、荀雍、羊璿之四友，以文章赏会，共为山泽之游。

六、鸡笼山西邸之会是南齐竟陵王萧子良所举办的盛会。齐武帝永明五年间，萧子良移居鸡笼山西邸，他在那里召集众学士抄写"五经"百家，编写了千卷本《四部要略》，还遍请有名的高僧来宣讲佛法。"道俗之盛，江左未有"。除此之外，萧子良经常在西邸邀请"竟陵八友"以诗文聚会。"竟陵八友"包括萧衍、沈约、谢朓、王融、范云、萧琛、任昉、陆倕。八友中的沈约、谢朓、王融为永明体诗歌的创始人。竟陵八友之间的友谊非常深厚，其交往前后持续了几十年之久。

在魏晋南北朝三百多年的历史中，士族以文人独特的方式开展了文学交往活动，在不同历史时期、不同地点的文人聚会中，不变的是他们之间的真挚友情和不懈的文学追求。这样执着的友情和长期的诗文交往，不仅是他们自身情感的表露、志趣的宣泄，更是士族群体自觉意识的特定表现。

# 第 3 章

# 少学与家风家学

## 一、书香翰墨传承正脉

钱穆在《略论魏晋南北朝学术文化与当时门第之关系》中指出："当时门第传统共同理想，所期望于门第中人，上自贤父兄，下至佳子弟，不外两大要目：一则希望其能具孝友之内行，一则希望其能有经籍文史学业之修养。此两种希望，并合成为当时共同之家教。其前一项表现，则成为家风，后一项之表现，则成为家学。"魏晋时期国学须五品以上官员子弟方能入学，而门阀世族家学和门第私学教育的发达远胜于官办的国学教育。诸家学内容颇为广泛，包括了儒学、经学、玄学、道学、佛学、书法、音乐、文学等丰富内容。

### 三大家学

魏晋门阀大族的家学传统以世族代代相传的书法为盛，但是琅琊王氏的家学内容却不仅限于书法。琅琊王氏历经几个世纪的家学家风始终秉承儒家重礼的特点，遵孝守悌，以经学、礼学传家，以及撰写地理方志等家族传统。琅琊王氏尤为重视宗族内的礼法教育，王氏子弟多精于礼制，长于仪礼。如王导上书奏请元帝设庠序、设置五经博士。在他的建议下，元帝恢复了太学及两汉的经学博士制度，设置博士十一人，后又增为十六人，不复分掌五经，而谓之太学博士。

琅琊王氏门风尚"孝友"以维持家族的亲善和睦，他们教育子孙敦厚谦让，礼法持家。王祥临死前将吕虔所赠佩刀传给王览，并希望王览能肩负振兴家族之大业。西晋时期，王戎大力提携王衍，后王衍也利用自己的影响，推荐族人王敦、王导，扩大了家族影响，促进了家族发展。王羲之《与谢万书》中："犹欲教养子孙以敦厚退让，戒以轻薄。庶令举策数马，仿佛万石之风。"

东晋至六朝时期，琅琊王氏以书法、官学和谱学三方面为家学代表。王氏家学传统包括：

一、东晋王羲之、王献之的书法传统。

二、王彪之及其后代的王氏"青箱学"。

为了维护门第，琅琊王氏对典章礼仪格外重视，并将其作为一重要的家学世代相传，"练悉朝仪"是琅琊王氏子弟维护门第高贵的有力武器。王彪之、王逡之、王准之、王肃等都是礼学大家。

"青箱学"一词见于《宋书·王准之》，其中记载了王彪之作青箱学的事情。王彪之，字叔武，王彬之子，王导的从侄。曾为尚书令，博学广闻，他将家世相传的朝廷仪礼、历法、入仕为官以及江左旧事、典章制度、历朝历代的施政策略等著述，皆放置于青箱中，作为家传之官学，在家族内部传授、研习。《全晋文》辑录王彪之仪礼之文竟达二十余篇，内容有关于祭祀、婚丧、谥法、朝仪、刑律等。也正因家族精于典制，自王彪之、临之、讷之及准之，连续四代出任御史中丞。王献之也精于国家典章礼仪制度。《南齐书》卷三九《陆澄传》中：

"王献之习达朝章，近代之宗。"

三、王弘、王俭等人的谱学传统。

以王弘、王俭为代表的琅琊王氏谱学，是当时选官、世族门阀之间识别身份以及婚姻嫁娶的重要凭证。王氏不但门第高贵，而且用谱学来记载和强化本族的特色。综观王氏所著书籍，涉及正史、起居注、谱牒、杂传、仪注、地理等众多门类。

除此之外，琅琊王氏对其所居住和游历地区的自然环境和人文状况较为关注，撰有大量游记和方志。如王羲之的《游四郡记》；王彪之的《庐山记》；王珣的《虎丘记》；王韶之的《始安郡记》《南雍州记》《南康记》《始兴记》《神境记》；王缜之的《寻阳记》；王僧虔的《吴郡地理记》。这些游记对于地方的山川地理、人物风貌都有详细而独特的记载。

随着时代的变迁，王氏家学的其他内容逐渐被淘汰，唯有书法留存于世。王氏家族的书法传统在王羲之身上得到了集中的体现。

## 少学广博

唐以前，笔法的传承都是父传子的家学模式，唐代之后广开科举一改风气，门阀世族不复存在，秘不外传的家学才得以流传开来。历代书论对于古代笔法的记载和历史传承，都有着这样一条明确的记载和脉络。"……蔡邕受于神人，而传之崔瑗及女文姬。文姬传之钟繇。钟繇传之卫夫人。卫夫人传之王羲之。王羲之传之王献之。王献之传之外甥羊欣。羊欣传之王僧虔。王僧虔传之萧子云。萧子云传之僧智永。智永传之虞世南。世南传之欧阳询。询传之陆柬之。柬之传之侄彦远。彦远传之张旭。旭传之李阳冰。阳冰传徐浩、颜真卿、邬彤、韦玩、崔邈。凡二十有三人。文传终于此矣。"在这条记载中，大大小小记载了二十三个真实历史人物，这些书家的生活年代自汉末而下，从魏一直延续到唐。在这其中，作为最重要的一环，王羲之及其王氏后人将古代珍贵的技法和书论传承并接续了几百年之久。这条笔法传承之脉并不是完全的口手相授私学模式，而是一个对正统笔法理解、接纳和再阐释的过程。

王羲之幼学阶段有两个重要人物：一个是他的老师卫夫人；另一个是他的叔父。

在王羲之以前，卫氏一门的书艺和书名要高于琅琊王氏。两家门派都继承了钟繇一脉，但卫家在书法创造和理论研究上更加出色。"前卫后王"，西晋年间卫家的书界地位在王家之上。《书断》称卫家书风"四世不坠"。王羲之的母亲就来自这个著名的书法世家。卫氏书家以卫瓘、卫恒和卫夫人为代表。

卫瓘，与尚书郎索靖俱善草书，时人号为"一台二妙"。卫瓘学问深博，明习文艺。汉末张芝亦善草书，论者谓"瓘得伯英筋，靖得伯英肉"。卫瓘为政清简，甚得朝野声誉。武帝下旨将繁昌公主许配给卫瓘的第四子，卫瓘以自身门第之矜贵，上表拒绝，未获准。卫瓘却因此得罪了贾后，全家三代九口被贾后所杀。

卫瓘长子卫恒，字巨山，少辟司空齐王府，转太子舍人、尚书郎、秘书丞、黄门郎。卫瓘的父亲卫觊善写章草，草体微瘦，而笔迹精纯，风格偏重于张芝一脉。卫瓘的草书重"筋"的特点继承卫觊的"瘦"，而且延续了张芝重骨力的风格。传到卫恒，书风则偏向于妍丽。《古今书评》里称赞卫恒的字"如插花美女，舞笑镜台"。卫恒还著有《四体书势》，讨论了古文、篆书、隶书和草书的史、论和技法。

卫恒有二子：卫璪和卫玠。卫玠，字叔宝，年仅五岁就风神秀异，是个举世闻名的俊美男子。卫玠小时候总爱乘坐羊车出门，而见者皆以为"玉人"，观之者倾都，他一出门便引得全城的人都跑来看。祖父卫瓘说他从小就异于常人，唯恐自己年老没法见到他长大成人。骠骑将军王济是卫玠的舅父，王济自己俊爽有风姿，但每次见到卫玠就叹息："珠玉在侧，觉我形秽。"又说："与玠同游，冏若明珠之在侧，朗然照人。"卫玠不但长得风姿俊美，对于玄学意理也很精通，爱清谈。但是这样一个人物，却体弱多病，身体羸弱。他母亲不让他多说话，怕伤了身体。遇到有聚会的大日子，亲友们请教他问题，他才细致入微地解说。王澄有高名，但是每当听闻卫玠谈玄，辄叹息绝倒。故时人为之语曰："卫玠谈道，平子绝倒。"琅琊王氏的王澄、王玄及王济当时虽有盛名，但是都在卫玠之下，世云："王家三子，不如卫家一儿。"说的就是这个典故。体弱多病的美男子卫玠，玉润华美、声名远播，为重姿容、清谈的魏晋人所推崇，因此他出门总被围得水泄不通，人们争相抢着一睹风采，年纪轻轻居然被活活看死了！留下"看杀卫玠"的典故。

卫夫人名卫铄，是卫恒的侄女，她得钟繇笔法的精妙，尤善真书（楷书）。卫夫人不像卫氏其他书家主攻邯郸淳的隶书和张芝草书，她更擅长钟繇一派的楷书。卫铄的书风不及钟繇宽广，其字形改钟繇的扁方为长方形，"娴雅婉丽"，去隶已远。《书断》称她的书法有"碎玉壶之冰，烂瑶台之月，婉然芳树，穆若清风"。她用韵文著有《笔阵图》，但后世对其真伪各执一端。其中提出书法"莫先乎用笔"的观念，强调创作的外在器物形状条件对书法的影响。她对于笔墨纸砚的品种、产地以及特点进行了深入探讨，总结出一套字形与工具之间的关系。卫夫人这一书法观念直接影响到王羲之。

在《晋书》、羊欣的《采古来能书人名》、王僧虔的《论书》和庾肩吾的《书品》等史料中，都明确记载了王羲之的师承关系，一是其姨母卫夫人，一是其叔父王廙。少年王羲之的学习分为两个阶段：318 年左右，受教于卫夫人，学习楷法，卫夫人传授的正是钟繇的楷书，这为王羲之后来变革钟繇楷法奠定了基础。第二个阶段王羲之受教于王廙。王廙作为帝师，工于草隶、飞白，其飞白体"志气极古"。王廙颇为博学，他不仅学习和继承了张芝、钟繇，还有卫瓘和索靖。王廙精通书法、绘画，还有音乐、射御、博弈等各种杂技。可以说，王羲之所学的知识足以涵盖东晋当时的各种知识门类和体系。

## 二、枕中秘、衣带帖与临池功

除了这两位大书法家老师之外，还有三件珍贵的礼物对王羲之的成长也有着极为重要的意义。

### 蔡邕《笔论》

王羲之的父亲王旷，善书。少年王羲之从父亲那里得到了最具传奇性的古代书法著作《笔论》。

《笔论》相传为蔡邕所著，其中包括《笔论》《九势》《篆势》《笔赋》等篇章，被后世公认为研究真书、行书的宝典。蔡邕从前人那里得精妙笔法，作《笔论》，其死后传给蔡文姬，文姬传给了韦诞。晋虞喜在《志林》记载，钟繇在韦诞那见到蔡邕笔法，苦求不予，捶胸三日，胸青而呕血，被曹操用五灵丹救活过来。韦诞死时用《笔论》陪葬，而钟繇痴心不改，命人盗韦墓而得之。魏晋书家皆以笔法为重。钟繇作为书风传承中的一个变革人物，重视蔡邕的篆隶旧体笔法，因此在钟繇的风格中仍然保留着汉代质朴、厚重的审美风格，在继承前人笔法的基础上，大胆变革、开拓创新，专攻行书、真书。钟繇死后效仿韦诞用《笔论》给自己陪葬,五十五年后《笔论》被钟繇弟子宋翼掘墓盗出。宋翼的书艺不精,字写得不好,常被钟繇斥责,他害怕得要过很长时间才敢见老师一面。得到《笔论》之后,老年宋翼的书艺竟然有了长足的进步,令人不敢小觑。宋翼死后没有再像韦诞、钟繇那样拿《笔论》陪葬。《笔论》辗转流入卫氏手中。王旷娶卫铄之妹,得此笔法,后传与王羲之。

张怀瓘《书断》记载王羲之得到家传书帖的过程:王羲之七岁就善书,一次他看见父亲的枕头中藏有蔡邕的《笔论》,偷偷取出来读。父亲问:"尔何来窃吾所秘?"羲之笑而不答。父亲怕他年纪太小,守不住秘密,于是对王羲之说:等你长大成人后我会把这个给你。哪知王羲之拜道:请今天就给我吧,等我长大成人后再给我,只怕会错过了学习的良机。王旷一听大喜,当即传给他。不过一个月的功夫,王羲之的书艺便大有进步。

## 钟繇《尚书宣示表》

王导也善书,而且崇尚钟繇。王导在晋室南渡时,仓皇中把钟繇的《尚书宣示表》藏于衣带中,"衣带过江",后来把此帖传给了王羲之,被后世称为"衣带赠书"。钟繇的《宣示表》传至少年王羲之的手中,足以见出王氏一门对王羲之寄予了极大的期望。

《宣示表》原为钟繇上报魏文帝的一份奏表。王羲之从王导处得到,后借给王修,王修死时,其母因《宣示表》为其平生所爱,遂以入棺,《宣示表》真迹便不再传世。现存《宣示表》为王羲之临本,由贾似道刻于石上。

钟繇是建安时期最著名的书家,擅长三体,尤精于隶、楷,形成了由隶入楷的新貌,在隶书向楷书转变过程中发挥了重要作用。传世之作有《贺捷表》《荐季直表》《力命表》《还示帖》等。《宣示表》是其代表作品之一。《宣示表》尚存古意，但与《贺捷表》《荐季直表》尚未脱尽隶书笔意的作品已不同。此帖古朴自然，法度森严却不流于刻板拘谨，已无隶笔，结字也更加规整统一，历代学习小楷者无不以为范本。王羲之受钟繇影响颇深。

## 索靖《七月二十六日帖》

除了《宣示表》之外，王羲之还从王廙那里得到了另一份珍贵的礼物——索靖手书的《七月二十六日帖》。此帖为王廙心爱之物，时常把玩，爱不释手。过江之时，王廙匆忙之间不忘把此帖作几折放入怀中带过江。钟繇的《宣示表》是楷书真迹，索靖师承张芝，《七月二十六日帖》则是草书妙品，王羲之学书阶段便直接师承了中原书法正脉——钟、张的楷书和草书书风。

卫夫人"正体尤绝"，王廙则擅长行书、草书、飞白书。王廙在江南生活了十六年，除短期的外任，他大多待在建康，直至王羲之二十岁那年去世。王廙也颇为认可王羲之的书法、绘画才能。《文字志》说："羲之少朗拔，为叔廙所赏。"王廙特画《孔子十弟子图赞》勉励王羲之："余兄子羲之，幼而有歧嶷，必将隆余堂构。今使年十六，学艺之外，书、画过目便能，就余请书画法，余画《孔子十弟子图赞》以励之……"王廙教导王羲之"积学"以"致远"，学老师的技法以"行己之道"，对王羲之寄予厚望。

王羲之在正体启蒙的基础上，接触到大量的书体种类，王廙对张、钟、卫、索的心得，为王羲之集大成而诸体皆工，为今草、行书、楷书的变法之路提供了可能。

晋人讲求书法的"骨力"，而王羲之笔力之强劲竟然达到

"入木三分"的境界。《淳化阁法帖》中收录有卫夫人的一封手札，特别提到"弟子王逸少甚能学卫真书"。真书即今楷，卫夫人称其笔意"咄咄逼人，笔势洞精"。这段史实见于《书断》《太平广记》《独异志》等诸多记载。晋明帝驾崩，有礼官请卫夫人写"祝版"，卫夫人此时极力举荐弟子王羲之，她在《李氏卫帖云》里，称自己奉旨在写《急就章》，委婉推辞，并极力推荐时任秘书郎的王羲之写明帝"祝版"。卫夫人称其书风硬朗，且对笔势的研习"洞察精微"，可命秘书郎王羲之去尚书馆完成此任务。王羲之出色地完成了任务。后来人们在北郊祭祀晋明帝，更换王羲之所写祝版时，工人削之，才发现王羲之的笔力早已"入木三分"。在青年的学书阶段，就能让一代书家卫铄感觉到咄咄逼人的笔力，大多因王羲之的少学下过苦功夫，从而施展出过人的天赋。

王羲之在《自论书》中，谈到学书所需的功夫，他以张芝"临池学书"为例，劝勉后人学书要下苦功。"张精熟过人，临池学书，池水尽墨；若吾耽之若此，未必谢之。"王羲之将自己与钟繇和张芝作比较。他认为自己的书法"真书胜钟，草故减张"。与钟张相比，甚至已经超越前人，对于张芝的草书，自己的水平尤为接近。这段自谦的话，一来表达出王羲之仰慕前人张芝的临池之功，二来指出秉承笔法正脉的同时还需要下足苦功。虽然王羲之自谦，但是后人将张芝的临池之功也附会于王羲之的头上，民间各地流传着王羲之学书、洗砚池尽黑的故事。

王羲之秉承了南北宗各书家的笔法，在钟、张、卫、王四家的承袭和创造的基础之上，少年王羲之学习了真、隶、行草，为成为一代书法之集大成者奠定了扎实的基础。

## 三、字如其人：飘如游云，矫若惊龙

《世说新语·容止》有段著名的话评论王羲之："时人目王右军飘如游云，矫若惊龙。"

"飘如游云，矫若惊龙"原本是对王羲之气质风度的表述，魏晋玄学以自然为主旨，在人与自然相融合的观念下，玄学思想表现在"人伦品藻"中，并直接影响到书画创作和鉴赏。顾恺之的"传神写照"转变为谢赫"六法"中的"气韵生动"。游云、惊龙是中国古代独特的象征物，尤其能体现出庄学的内涵。《庄子》的逍遥游，对于形态的变化有着具体的描述，如鲲鹏之化。

云为水和气凝结而成，水气相合则聚，分则散。流动的云，其形态多变，不拘形体，在虚虚实实中不断随意转变，似有若无，让人无法把握而又始终真实存在。幻化无形的龙，作为上古神物，能呼风唤雨，具有万千变化的能力，神秘莫测。道家用"心与物游"来把握天地万物之"道"。"道"是宇宙万物变化的规律与涵盖之所在，所谓"道之为物，惟恍惟惚，惚兮恍兮，其中有象，恍兮惚兮，其中有物。窈兮冥兮，其中有精，其精甚真，其中有信"。因此，如果说"飘如游云"指的是王羲之清逸气质的话，那么"矫若惊龙"则更多包含着对其独行不凡的肯定评价。

在人伦品藻的影响下，魏晋人认为人物的外在容貌与内在气质及人格是一致的，书品与人品一致。东晋人伦品藻体现在艺术中，以顾恺之的人物画为主要表现形式。书法品藻和成熟的技法推动了人物画向山水画发展。唐志契《绘事微言》："山水原是风流潇洒之事，与写草书行书相同，不是拘挛用工之物。如画山水者与画人物花鸟一样，描勒界、画妆色，哪得有一毫趣致。"自然山水取代人物，成为绘画的新题材。徐复观指出："魏晋以前，山水与人的情感相融，但是不一定出于与山水为美的对象，也不一定为了满足美的要求；魏晋时期，则以山水为审美对象，追寻山水，主要为满足人对美的要求。"士大夫的审美意识由自然发展到自觉。

在书法中，人伦品藻被改造成对书艺的评价体系，书品与人品达到高度统一。王羲之就是最好的例证。《晋书·王羲之传》称其"尤善隶书，为古今之冠，论者称其笔势，以为飘若浮云，矫若惊龙"。在《世说新语》中评价王羲之高朗人格的品藻词汇，在《晋书》中也被用到了对王羲之书风的评价之上。《晋书》为唐人所作，说明唐代人物品藻早已汇入书风品评中，融为一体。

除"飘如游云，矫若惊龙"之外，王羲之的书法还被拿来与"骨气""神"及谢家子弟来作类比。《世说新语》："时人道阮思旷无右军骨气。""王右军书如谢家子弟，纵复不端正者，爽爽有一种风气"。"右军笔法入神，奇绝"。《书断》："王羲之……尤善书，草、隶、八分、飞白、章、行，备精诸体，自成一家法，千变万化，得之神功，自非造化发灵，岂能登峰造极。"

庄学向魏晋士人生活的渗透，使人自身和自然景物同时成为美的对象。但是魏晋乱世，假名士横行一时，人伦品藻中也避免不了虚伪、浮华和吹捧的内容，以致鱼龙混杂，满目充斥着具有玄学意味的不真实描述。琅琊王氏父子、兄弟、族人间相互夸耀的情况不胜枚举。与琅琊王氏一样，各高门品藻世风中的浮夸、奉迎之风有增无减。《世说新语》中记载有大量的人物描述，都兀自凸显，而品藻风气中的虚伪和高门互捧之风使人感觉真伪莫辨。

《世说新语·容止》说："何平叔（何晏）美姿仪。"王戎云："太尉神姿高彻，如瑶林琼树，自然是风尘外物。"裴令公见山巨源，"如登山临下，幽然深远"。王戎目阮文业："清伦有鉴识，汉元以来未有此人。"

《晋安帝纪》曰："羲之风骨清举也。"

《文章志》亦云："羲之高爽有风气，不类常流也。"

关于王羲之品评的记载也有很多。如：王右军见杜弘治叹曰："面如凝脂，眼如点漆，此神仙中人。"

殷中军道右军："清鉴贵要。"

王右军目陈玄伯："垒块有正骨。"

王右军道谢万石："在林泽中，为自道上。"

其中，殷浩对王羲之的品评最有分量，他认为王既"清"且"贵"，能断识人品，有鉴才。"清"指的是超凡脱俗的气质，"贵"则映衬出王氏第一高门的出身和良好的学识、教养。其一，殷浩临死前上疏向晋帝举荐人才不可能弄虚作假。其二，上疏时值殷浩与王导的势力抗衡期，王羲之是王门子弟，殷浩能摈弃功利之心，对王羲之一视同仁已经很不容易，他更不可能为对手的后备军在皇帝面前唱赞歌。

王羲之对其他人的赞誉常用"神""朗""骨""韵"等词，而这些正是东晋玄学和人物品藻中的基本概念。史称王羲之"性骨鲠"。"骨"是指骨头，"鲠"指的是鱼刺。"骨鲠"作为同义反复，强调一个人性格和表达中的直接、真实。所谓"骨鲠"，必定爱挑刺、讲实话，且不为权势所动。所以王羲之的品藻话语其可信度更大些。王羲之的"骨鲠"脾气生前并没给他带来多大的利益，反倒是在他死后后世人给予了很高的评价。

赵孟頫在《识王羲之〈七月帖〉》中这样评价王羲之的性格："右将军王羲之，在晋以骨鲠称，激切恺直，不屑屑细行。议论人物，中其病十之八九，与当道讽谏无所畏避。发粟赈饥，上疏争论，悉不阿党。凡所处分，轻重时宜，为当晋室第一流人品，奈何其名为能书所掩耶！"赵孟𫖯认为王羲之对他人的评论，往往能切中要害，不惧当道权势，对人物的讽谏无所畏惧。这些都与他骨鲠的品行相吻合。王羲之官至右军将军，宦海浮沉三十余年，在他的苦心经营下王氏高门迎来了渡江后的第二个高峰。王羲之虽然信奉道教，但是继承了家风的儒家传统，以民生社稷为本，做出很多政绩。可惜这些政治抱负和政绩被他的书名所掩盖，不为人所重。

除了《晋书》拿王羲之本人来比喻他的字，《世说新语》还用了一个群体来形容他的书法——"王右军书如谢家子弟"，就算有的字写得不那么端正的，骨子里还是有股"萧散"神气。谢家子弟出自东晋第一高门，品格不凡，名士迭出，用一个群体来形容一个人的书法，强调王羲之字中自有一种"爽气"。"爽气"包含有飘逸而高爽的意思，谢道韫就被称为自有一股爽气，有林下之风。

李嗣真在《评右军书》中还就笔势变化作了这样的比喻："右军书每不同，以变格难传，书《乐毅论》《太史箴》，体皆正直，有忠臣烈士之象；《告誓文》《曹娥碑》，其容憔悴，有孝子顺孙之象；《逍遥篇》《孤云赋》，迹远趣高，有拔俗抱素之象；《画像赞》《洛神赋》姿仪雅丽，有矜庄严肃之象。皆有意以成字，非得意以独妍。"王羲之书法在不同的题材和形式下，有不同的表现形态，或忠烈，或孝悌，或拔俗，或严肃。这种对字的评价与对人的评价处于同一套体系之中，完全一致。王羲之的各篇书法，文体字体不同，其书写的状态也随心境而变。王羲之作《告誓文》悲愤辞官，在父母墓前必定形容憔悴。书《乐毅论》则体正字端，有忠臣烈士之貌。奸佞小人笔下不可能生出忠烈之罡气，迂腐伪善的人也写不出清朗飘逸的书法。王羲之经常用逸笔，书法的形式虽多是书札，以日常生活中悲欢离合为内容，书写时的情绪不一，而使书法作品的面貌各不相同，甚至真、行、草不同笔法用于同一篇书作中。字能真实地反映出人的心态和面貌，在古代书论中早有论断。

## 四、家鸡输野鹜

时代更迭，西晋书名最盛的钟、皇、索、卫四家，至西晋末年均风光不再。及至东晋，以书法传家的诸高门中，最具代表性的为王、郗、庾、桓、谢几家。

王羲之走上了一条求变之路，他改革钟、张的旧体，作为集大成者，在前人基础之上，完善了真、行、草新体的演变。王羲之的"新体"备受关注，时人争相学习王羲之的书风，以至于以往名气大过王羲之的名士、书家顿时黯淡无光，王羲之书名由此走向鼎盛时期。

庾翼的书名原先要高于王羲之，庾氏一门也是书法名家。王羲之潜心研究钟繇楷法后，在新体书风上逐渐显露出过人的成就，王羲之的书名渐渐盖过了庾翼。庾翼对此愤愤不平，在荆州与友人的书信中他提到了王羲之的新体书法和盛名。庾翼起先看不起被世人所追捧的王羲之新体，他认为那只不过是年轻人玩的把戏，没有多少真功夫，他把王羲之的新体称为"野鹜"，将旧体书法比作"家鸡"，"野鹜"表达出庾翼对王羲之的轻蔑态度。王僧虔《论书》载："庾征西翼书，少时与右军齐名。右军后进，庾犹不忿。在荆州与都下书云：小儿辈乃贱家鸡，爱野鹜，皆学逸少书。须吾还，当比之。"庾翼不但不服气王羲之的书法，还扬言自己回去要与王羲之比试书艺，以正视听。

后来，王羲之的书法有了很大突破，庾翼见到后大为叹服。庾翼在其兄庾亮处见到了一封王羲之用章草写给庾亮的书信，一下子惊呼"伯英再生"。"伯英"就是东汉的草圣张芝。张芝在魏晋南北朝时期非常受尊敬，庾翼说，自己家传有张芝的真迹，可惜的是过江之时丢失了，甚为遗憾，今日一见王羲之的章草，认为王羲之已经得到了张芝的精髓，其书体让他感觉"顿还旧观"。虽然，庾翼曾经认为王羲之的新体不过是时髦一时的"野鹜"而已，但到后来，毫无疑问，王羲之的表现让同为书法名家的庾翼大吃一惊，颇为折服。这场"家鸡"与"野鹜"之间的斗争，终于还是"野鹜"赢了"家鸡"，王羲之和他的新体获得了世人的认同。

# 五、书、画、论兼摄众法

王羲之书、画、论兼修，除书法之外，其余两项也颇有造诣，可惜历经久远，真迹皆已亡佚，后人不得见真迹全貌，只能从历史残余的只言片语中找寻其湮灭的踪迹。

如今，王羲之的书法没有真迹存世，但法书刻本甚多，有《十七帖》、小楷《乐毅论》《黄庭经》等，摹本墨迹廓填本有唐、宋《孔侍中帖》《兰亭序》《快雪时晴帖》《频有哀祸帖》《丧乱帖》《远宦帖》《姨母帖》《平安帖》《何如帖》《奉橘帖》《寒切帖》《行穰帖》，以及唐僧怀仁集书《圣教序》等等。

在张彦远的《历代名画记》里收录有王羲之的画作《临镜自写真图》《杂兽图》等，《历代名画记》赞誉他"丹青亦妙"。王羲之从师于王廙，虽然后世未见流传王羲之的画作，但是从他所受教育和笔法成就上来看，王羲之擅长丹青，画艺颇精是情理之中的事情。

除书法、绘画之外，王羲之还颇具文学才华，其诗作和文章散见于各类史籍和历代书论、资料之中。《隋书·经籍志》中有记载，王羲之有文集十卷，录一卷，今皆亡佚。王羲之的书法论著，今流传下来的还有《自论书》《题卫夫人〈笔阵图〉后》《笔势论十二章》《记白云先生书诀》等。其中《自论书》见于不同时期的各种记载，文字大体相同，略有差异。南朝刘宋虞龢的《论书表》《晋书本传》和唐孙过庭的《书谱》、唐张彦远的《法书要录》均有记载。

与两汉、西晋相比，王羲之书风最明显的特征是用笔细腻，结构多变。王羲之最大的成就在于增损古法，变汉魏质朴书风为笔法精致、美轮美奂的书体。草书浓纤折中，正书势巧形密，行书遒劲自然，总之，把汉字书写从实用引入一种注重技法、讲究情趣的境界，实际上这是书法艺术的觉醒，标志着书法家不仅发现书法美，而且能表现书法美。他的楷书如《乐毅论》《黄庭经》《东方朔画赞》等"在南朝即脍炙人口"，曾留下形形色色的传说，有的甚至成为绘画的题材。

王羲之一生的艺术生涯分为三个阶段：少时广学时期；三十九岁卸江州刺史任后赋闲数年的成熟期；极盛期——王羲之从四十九岁至五十九岁的十年间，新体书风达到巅峰期。

# 六、自有后来人

王羲之与夫人郗氏共育有七子一女，七子分别是王玄之、王凝之、王涣之、王肃之、王徽之、王操之和王献之。虽然王羲之的诸子皆有名望，但论生平可考、事迹流传最广的是以迂腐著称的王凝之、爱竹成痴的王徽之和高迈不羁的王献之。

# 王凝之

　　王凝之，字叔平，王羲之次子，历任江州刺史、右将军、会稽内史，亦工草书和隶书，曾参加过兰亭聚会，留有兰亭诗作。王凝之最出名的，一是他的妻子，二是他的迂腐。

　　王凝之的妻子就是谢奕之女谢道韫。谢道韫作为女性能在史书上留名，不仅出身高贵，而且文学才华出众，卓越不凡。她以诗、赋、诔和颂四种文学形式流芳后世，号有"咏絮之才"。她小的时候，一天大雪纷飞，谢安就问大家，大雪纷纷落下像是什么样子？谢朗说像空中撒盐。谢道韫却回答说："未若柳絮因风起"，意思是那漫天的大雪呀，还不如形容它像三月里被风吹起的柳絮呢！谢安听后拍手称赞，夸奖谢道韫的比喻最妙。盐是民间所指的开门七件事之一，盐与日常的饮食起居密切相关，具有实用功能，把漫天飘舞的雪花比喻成盐，不符合贵族、士大夫阶层要求脱离世俗生活的审美趣味。而柳絮不具有实用功能，和雪花一样是自然事物，冬天的飘雪与春天的飞絮能形成趣味、颜色和季节上的对应，对仗相当工整。曹雪芹《红楼梦》里的林黛玉就参照了谢道韫的文学和历史形象而塑造，林黛玉的判词"堪怜咏絮才"借用了谢道韫"咏雪"的典故，将林黛玉比喻为谢道韫。

　　谢道韫所作《拟嵇中散诗》："遥望山上松，隆冬不能凋。愿想游下憩，瞻彼万仞条。腾跃不能升，顿足俟王乔。时哉不我与，大运所飘飘。"这样的诗句也表明作者脱离了女性文学创作中较为普遍的闺阁、春怨等日常生活题材的束缚，上升到看穿世事、感悟人生等深层问题。

　　琅琊王氏声名显赫，但是谢道韫嫁给王凝之后，却对自己的丈夫很失望，认为王凝之是个迂腐的人。她回到娘家后对谢安说：我们谢家的男人，叔父伯父们哪个不是风度翩翩的？我同辈的兄弟，谁又是和王凝之那样迂腐不堪的呢？想不到，世间竟有这样的人。以谢道韫的境界、才识之高超说出这样的话来不足为奇，而且到了王凝之这一辈，王家的地位没有谢家高，因此也难免会被谢家人看轻。谢道韫才学之高甚至连《晋书》都记载有她替王献之与宾客清谈的故事，谢道韫清谈水平高出席间众人一筹。

谢道韫与张玄的妹妹张彤云齐名。谢道韫的弟弟和张彤云的哥哥都对外宣称自家的姐妹举世无双，超过对方。谢道韫嫁给王家，而张彤云嫁入顾家。有个叫作济尼的人，出入张、谢两家，见过谢道韫和张彤云本人。人们就问济尼到底谁优谁劣，济尼回答说：王夫人谢道韫"神情散朗"，因此有林下之风。而顾家的媳妇张彤云，冰心玉映，自有闺房之秀。两位名媛，一个有林下之风，一个有闺房之秀，这样的比较一下子就分出了胜负。女子常年居于闺阁，受过良好的教育，能成为大家闺秀。而"林下之风"所指的是竹林七贤的风度，林下之风包括社会交游、清谈等内容，还必须通晓老、庄的义理，这些都不是封建社会闺房女子教育中所涉及的。用林下之风来形容谢道韫，就是将她的才识比作男子，而且是与竹林玄学的领袖们作比较，说明这个女子的能力、修养已经超越了性别带来的局限，远远不止于吟诗作对、操琴下棋这些小情趣了。

东晋末年（399）十月，乱征兵役，引发了三吴地区的骚乱。盘踞海岛的孙恩率领几万人趁机攻打上虞，杀死县令，接着袭击了会稽。与此同时，吴郡、吴兴、临海、东阳、新安等八郡都发生起义，杀死了驻守的各地长吏。吴兴太守谢邈、永嘉太守谢逸、嘉兴公顾胤、南康公谢明慧、中书郎孔道等被杀，其他大小官吏纷纷弃城而逃。会稽遭遇孙恩、卢循领导的农民起义，会稽内史王凝之竟然只顾着拜神不出兵抵抗，城被孙恩军所破，王凝之和他的儿子们都惨死。在战乱中，谢道韫率领家丁抵抗，并手刃数人，终因寡不敌众，谢道韫抱着三岁的小外孙被俘，孙恩也要杀死这个小孩，谢道韫就大义凛然地呵斥道："你的事只涉及王家，与别人有什么关系？这个小儿是我的外孙刘涛，你要杀他，那就先杀了我！"孙恩忌惮谢道韫的名气，便放过她们，送回故居。谢道韫临危不乱，在丈夫和儿子都死光的情况下，竭尽所能保全幼小的孩子，其性格刚烈，文武双全，显露出过人的豪气，的确是有股置生死于度外的竹林七贤的骨气和风度，因而在历史上与蔡文姬齐名。

## 王徽之

王徽之，字子猷，王羲之第五子，是诸子中最具魏晋风流的名士。前面提过，王徽之的"雪夜访戴""爱竹成痴""以命换弟"成为后世文人所追求的精神境界。

王徽之名士作派，不事俗务。在担任骑兵参军之时，桓冲问他在哪里任职，他回答说：不知道是什么部门，老看见有马牵来牵去的，可能是管马的。桓冲又问：那你管多少匹马？王徽之说：我连马都不问，哪知道数量。桓冲再问：马最近死了多少？王徽之就干脆用孔子的话来回答：未知生，焉知死。什么叫活着都不知道，哪能知道死是怎样的呢？上司要他认真当值，他悠闲地抬头看了看天，慢吞吞地说：西山的空气真清爽呐！

王徽之的书法作品《新月帖》流传至今。《新月帖》以行楷为主，于挥洒之间笔法流畅而妍美，北宋的《宣和书谱》称其书法"亦自韵胜"，即自有一番风韵。

智永是王徽之的子孙，继承了王羲之的书法风格，为王羲之书法的后世流传作出了重大贡献。智永，法号永禅师，俗名王法极，是继羲、献之后的王氏书法的杰出代表。智永历经梁、陈、隋三朝，常居永欣寺，近百岁乃终。智永刻苦学书，他挖了一个大坑，将几十年来写坏的毛笔埋在里面，称为"退笔冢"。向智永求字的人络绎不绝，时间一长，踏破了永欣寺的门槛，智永不得不将门槛上包了一层铁皮来保护。人们因此将此门槛称为"铁门限"。

智永研习王羲之书法三十年，真草兼备，再现祖风，集字而成《千字文》。智永曾写八百本《千字文》，江东诸寺各施一份。其余《千字文》散于民间，流传甚广，迄今仍有一本真迹存于日本。智永以南朝的温雅书风，承袭了"二王"真书、草书的结体和笔法，深刻影响了隋唐平和秀美的书风。他的"永字八法"，成为中国书法的基本规范，其《千字文》也成为后世书学的范本。《宣和书谱》中收录有智永的《常侍帖》《故旧帖》《参军帖》等书帖。

## 王献之

王献之，字子敬，乳名官奴，王羲之第七子，是王羲之诸子中书名最盛者。官至中书令，又称王大令。王献之与王羲之齐名，人称"二王"，王羲之为"大王"，王献之为"小王"。

王羲之从小便发现王献之在书法上的过人才能，多次赞誉王献之的书艺。王献之七八岁时，一日正在专心习字，王羲之悄悄走至其身后，突然用力抽取王献之手中的毛笔，王献之竟然能笔不脱手。王羲之很高兴地夸奖他说，"此儿后当复有大名"，认定了王献之将来能取得很高的成就。

《晋书》称王献之"少有盛名，而高迈不羁"。不仅王羲之，连谢安也认为王家诸子以王献之最为出色。王献之与哥哥徽之、操之一起拜访谢安，献之不像兄长那样喋喋不休，除了礼节问候外就沉默寡言。门客随后问谢安觉得谁最好，谢安回答："小者佳。"王献之潇洒不羁，性格清峻，不交非类。他在谢安家遇到寒士出身、患有足疾的习凿齿，就是不肯与其同坐一席。

桓温曾经让王献之在自己的扇子上题字，王献之提笔之时，不小心落了一滴墨在扇面上，把扇面毁了。于是他灵机一动，将墨点描画为一只生动的小牛犊，获得满堂彩。王献之的行径也是异乎寻常，常有惊人之举。一次，家中半夜来了小偷，他躺着一言不发，等到偷到差不多的时候，他才开口说："喂，那条青毡是我家的旧物，你还是留下吧。"顿时把小偷吓得魂飞魄散，夺路而逃。

王献之继承了王羲之书扇济贫的习惯，也爱到处涂抹。《论书表》记载，王献之在外游玩，见到一堵墙粉刷得很白净，就取过扫把沾着泥水在上题字，引来很多人围观。王羲之见了白墙上的字很是赞叹，一问原来是七郎献之所写，回家后还将此事写信告诉了朋友，称赞献之的书法大有意味。王羲之对王献之的书法造诣非常欣赏，曾称其书"咄咄逼人"。王献之当吴兴太守时，去县衙，看见县令羊不疑的侄子羊欣在书斋里睡觉。羊欣的年纪虽然只有十几岁，书艺却已小有名气。王献之看到羊欣穿着鲜洁的白色绢衣，提笔就在他的衣服上写字。羊欣醒后见字，大喜，如获至宝，后来还将这件绢衣进献给了皇帝。

王献之率性直言，丝毫不虚伪。当谢安问王献之书法与其父相比谁更好？王献之回答自己不比父亲差，表达出一种强烈的自信。谢安说："可大家并不这样看呢。"王献之回答说："普通人哪里懂。"

王献之在吴郡，听说江东士族顾辟疆有座大园子很有名，他不认识主人，却不打招呼就命人抬着轿子进园游玩，完全不顾主人正在园子里宴请宾客。他傲慢清高、对主人熟视无睹的举动惹恼了顾辟疆，顾大怒，骂他是为人不齿的"伧"，还把王献之的随从赶了出去，只留他一个人待在轿子里。王献之受到主人的辱骂，毫不在意，等了一会不见来人，便要求主人把自己连同轿子送到门外。就算这样被羞辱，王献之还是一副怡然不屑的神情。王氏子弟仰仗门第高贵，恃才傲物是出了名的。

在父亲的张罗下，王献之娶了青梅竹马的表姐郗道茂为妻，婚后感情非常和睦，郗道茂曾生一女，取名玉润，却不幸夭折。风流雅名冠绝一时的王献之，被离婚后的新安公主看中，孝武皇帝下旨命令王献之另娶新安公主，王献之被迫与原配郗氏离婚。郗道茂离婚后，住在叔父家，誓不再嫁。新安公主婚后生下一个女儿，取名王神爱。王神爱十三岁时被选为太子妃，后被立为司马德宗的安僖皇后。王献之与公主的感情并不太好，在他四十一岁时，为求子嗣，纳妾桃叶。为了弥补感情上的空缺，王献之对于桃叶宠爱有加，常去江边迎送回娘家的小妾，现在还留有《桃叶渡》和《桃叶歌》两首。王献之没有儿子，过继了王操之的儿子王静之为嗣。太元十一年（386），王献之病重，家人请来道士作法，问他有没有什么遗憾。王献之临终前说："平生没有什么过错，只有与郗道茂离婚一事引以为憾。"

史籍记载王献之擅长的书法，包括八分书、章草、飞白、草书、行书、行草和楷书，但是存世之作中未见前三种。王献之年仅十五六岁时曾劝其父改体，他更是将改体设为自己的目标。王献之的书法变革主要体现在草书和行书之上。他的"破体"新行草，较之于张芝和王羲之，具有更"流变简易"的特点。此外，南朝格外尊崇王献之的书法风格，而妍美是王献之书法的一大标志，在王献之"妍美轻便"书风的倡导下，南朝书风乃至南朝的审美趋向上大都追求"风流""妍美"之态。

王献之现存的书法作品中，只有《鸭头丸帖》尚存有墨迹摹本，该摹本与流传的刻本完全一致。《鸭头丸帖》自北宋年间收入内府，千百年来一直流传有序，是王献之的传世精品。《鸭头丸帖》效仿张芝以中锋用笔，将行书与草书糅成一体，气势通达，别开生面，迥异于王羲之书风。王献之小楷作品《洛神赋》至今留有摹本与刻本，与王羲之的《黄庭经》《乐毅论》齐名。王献之的作品包括《鸭头丸帖》《新妇地黄汤帖》《鹅还帖》《适奉帖》《阿姑帖》《昨日还愿帖》等。

　　王羲之家族数代家风不坠，南朝四大书家羊欣、王僧虔、萧子云和智永，除萧子云外，其余三人均与王羲之有血缘关系。而萧子云师承王僧虔，虽非宗亲，但书法传承上，仍属于王氏嫡传之脉。

# 第4章

## 失意的宦海生涯

纵观王羲之的一生，他的政治生涯可以用"失意"二字来形容，他杰出的政治才能与远大的个人抱负没有得到充分的施展和实现。虽有才干，奈何恰逢乱世，王羲之最终只能用悲愤的"告誓文"来给他失意的官宦生涯画上句号。赵孟頫曾对王羲之的个人才能和政治能力作出了极高的评价，认为王羲之在政绩、品行和操守方面成绩突出，是"晋室第一流人品，奈何其名为能书所掩耶"！王羲之"书圣"的名号遮盖住了他政治方面的突出才能和一系列政绩。

王羲之出身高贵，生性耿直，博学多才且品德端正，他从出仕到辞官，在宦海沉浮了三十几年之久，历任临川太守、江州刺史、宁远将军、护军将军、会稽内史和右军将军等职，曾在东晋所辖的建康、临川、江州、会稽几地为官。在执政方针方面，他注重民生，认为清谈误国，不结党营私，主张北伐复兴晋室。为政期间，王羲之还针对所辖地方时弊，实行过禁酒令，改革漕运，下令减轻赋税，开仓赈灾，并且常不顾安危上疏争论，作出过一系列的政绩。

伴随着几十年东晋家族政治的发展，王羲之的政治生涯先后与王导、庾亮、殷浩、谢安（家）四个人有过密切的关系，分为四个阶段。

受到王门内斗以及高门、君臣间夺权等因素的影响，王羲之晚仕的政治生涯伴随诸多的失意。其中，王羲之遭遇到三次较大的政治挫折：一、力主北伐却劝阻殷浩失败；二、实施禁酒令失败；三、苦求宣城郡失败。王羲之在世俗、政治生活中屡屡遭受失意，备受挫折打击，而那一切与他的政治智慧和个人才能无关。

# 一、迟仕的秘书郎

东晋门阀世族子弟通常以"秘书郎""著作郎"作为出仕的第一个职位。东汉末年中央政府设置秘书监，秩六百石。晋惠帝永平中，复置秘书监，其属官有"丞""郎"。根据《太平御览》卷六百六《晋令》的记载，秘书郎的职责为掌管内外三阁经书，具体工作事项为"复省校阅，正定脱误"等工作内容。秘书郎负责管理国家的典籍图书，掌管艺文图书之事，秘书监则属于中书省管辖的下级行政机构。

秘书郎和著作郎，为贵胄子弟的初选之职，级别较低，而初仕此职的年纪大多在十几岁。在门阀制度下，贵族子弟的出仕情况不以个人才能而是按照家族所取得的地位来安排。高门中常有人年纪很小就出仕，并担任五品以上高官的情况。琅琊王氏子弟的初仕时间大多在弱冠之年，也就是在十八岁之前初仕，步入官场。王导、王含诸子都是弱冠出仕。其他高族的情况也是如此，如庾亮"年十六，东海王越辟为掾"，十六岁即出仕入东海王的幕府；王彪之一出仕即为著作郎。

王羲之在出仕时间上异于王门子弟，《晋书》记载他"起家秘书郎"。任秘书郎时期，王羲之有机会接触到秘书省收集的历代书法珍品，如钟繇、胡昭、张芝、索靖、韦诞、皇象等人的手迹，这段经历对他的书艺大有帮助。王羲之的出仕时间虽然没有具体的记载，但大致是在太宁三年（325）。那一年，王羲之已经二十三岁，距离他已成为太尉郗鉴的女婿又过了两年。成年、婚后才出仕为官，第一次踏上仕途，对于享有东晋第一高门中"三少"的美名、朝廷重臣之佳婿的王羲之来说，他的个人仕途却远不如社会名声来得那么顺畅。相对于他的才能和名声，王羲之的出仕时间不是晚，而是太晚。从十三岁一宴成名到二十三岁出仕，整整过了十年的时间，王羲之在仕途上不但晚于其他王门子弟，也晚于其他高门子弟。

东晋不乏高门名士晚仕、隐退或终身不仕的情况，但是那些都是个人的自我选择，他们按照自我的意愿去选择自身发展的道路，并非仕途受阻。王羲之的情况明显不同，他的高门身份和主观意愿必然决定了他将按照封建传统的高门—官宦—名士模式生活下去，但是其父王旷的"化迹"、其兄的早逝、叔父王廙的反叛这些偶然因素对他的政治生涯和命运造成了极大的负面影响。

除了个人名声之外，婚姻和出仕是古代世俗生活中最重要的其他两个关键。王羲之少年成名、享有美誉，却二十一岁结婚，二十三岁出仕——无论是结婚还是出仕，王羲之的经历都要晚于常人。名声、才能与现实政治生活形成了一对矛盾，王羲之超凡的个人才能与他所处的时势不相顺应，两者极不协调，而这对矛盾从一开始就伴随着他，并且预示着他的一生将要遭受到政治主张与个人仕途双重失意的结局。

咸和二年（327），王羲之改任"会稽王友"。"王友"是一个闲职，也就是东晋诸王的陪伴和随从，大都由贵族子弟担任。王羲之遵从高门子弟的发展道路，得到担任会稽王司马昱王友的"清贵"之职。咸和九年，王羲之毅然离开都城建康，赴武昌任庾亮征西幕府的幕僚。

王羲之的仕途并未达到显赫之位，其历任的官职从未达至上三品，他也始终未进入东晋朝廷的权力核心。比起王导、王敦开创"王与马，共天下"的局面来说，无论官职还是实权上，王羲之都不能与他们相提并论，但是后人却毫不吝啬，以溢美之词赞赏他的政治才能，称"其名为能书所掩""为艺所累"等。宋人洪迈在《王逸少为艺所累》中这样评价王羲之的政治才能，"其操履识见，议论闳卓，当世亦少有其比"。在《困学纪闻杂集证》中，王应麟称赞王羲之的"言论风旨可著廊庙，江左第一流也"。这是为何？

如果说王羲之的晚仕归咎于父、叔所犯的错误，对他而言是无法逃避的历史必然性，那么进入官场后王羲之的仕途选择，则体现出他强烈的自我意识。他在放弃会稽王友之后的所有仕途经历，具有自我选择的特殊性，标志着王羲之异常鲜明的政治理想和个人抱负。可以说，王羲之的政治生涯是一条超越了门阀制度和高门"清贵"仕途的个人道路，具有非凡的政治眼光和超越家族政治局限的特点。

## 二、权臣相争的漩涡

王羲之作为琅琊王氏子弟、王导颇为看重的子侄，他却一而再、再而三地选择加入家族政敌的阵营，卷入权臣的争斗之中：先是庾亮与王导之争，后有殷浩与桓温之争。

### 庾、王之争

晋成帝五岁登基，太后庾氏临朝称制，倚重外戚，护军将军庾亮与司徒王导一同辅政。王导仰仗高门政治势力，因而宽待各个世家、豪族，以"愦愦之政"治国，纵容贪渎官吏，笼络人心，维护政权稳定。晚年的王导更是耽于政事，文书常没看就批准。而庾亮的执政方针则提倡法治、加强中央集权，削弱地方势力，打击豪强。庾亮的严政侵犯了上层贵族们的利益，统治集团内部矛盾逐渐激化。庾亮掌权之后，王导常称病不出。王导的行径引起了陶侃、庾亮等人的不满，他们曾先后想起兵讨伐王导，多亏郗鉴从中劝阻，才作罢。《世说新语·雅量》：有人告诉王导，说庾亮有东下讨伐王导之意，劝王导要多加留意庾亮的动向，以备不测。王导说：我与庾亮虽然现在都是臣子，但以前我们都是朋友。如果他真的要来，我便换上布衣回我乌衣巷的家去，有什么必要严加防范的。

王导宽容的度量、圆滑与庾亮善嫉、强硬的作风形成对比。两相比较，王羲之的性格和处事原则与后者更为相似，因此庾亮一度与王导视同水火，是琅琊王氏家族的对头，但是王羲之却在自我选择的关口，放弃了王导阵营，离开建康前往武昌，接受征西将军庾亮"请为参军"的邀请，改投庾亮，从此深受庾亮赏识，迁任长史。

咸康五年（339），丞相王导去世，琅琊王氏彻底失去了对朝政的控制权，遭受政治打击，终结了琅琊王氏在东晋最为辉煌的时期。同年八月，太尉郗鉴卒。咸康六年正月，司空庾亮病故。王导、郗鉴、庾亮这三位权臣，都与王羲之有着非常密切的关系。琅琊王氏子弟投靠庾亮的人，除了王羲之外还有王廙的儿子王胡之。王导与庾亮的朝堂权力争夺并未影响到王羲之和庾亮、庾冰兄弟的感情。庾亮临死前上疏，称王羲之"清贵有鉴裁"，大为赞扬王羲之的才能，证明他颇为器重这位琅琊王氏的"佳子弟"。在庾亮的大力举荐下，王羲之从参军升任长史，庾亮死后，王羲之继而被提拔为江州刺史、宁远将军。

## 江州必争之地

在庾亮与王导的权力争夺战中，有一个地方具有非常重要的战略意义，那就是江州。东晋的江州，即今江西九江，为长江中下游流域的重要地区，江州制约着东晋偏安江左的以长江漕运为主的货物运输和交易，同时，谁占据江州便能以重要的战略位置制衡荆州，继而左右建康。对江州的争夺从王导、庾亮一直延续到王允之和庾怿身上，江州是庾氏家族和王氏家族的必争之地。

王导时常感叹王氏子孙不济，他在给王羲之的信中感叹说："虎豚、虎犊，还其所如。"虎豚是王彭之，虎犊是王彪之，他们都是王羲之的从兄弟，王导总是认为他们没有多少才能，不能继承家族辉煌的事业，无法成为琅琊王氏的中流砥柱。王导的子侄中以王羲之、王允之和王胡之最有才干，堪当重任。但是，王羲之与王胡之却先后加入庾亮阵营，王氏家族中以王导、王允之为主要政治力量。王允之是王导着力培养的接班人，王允之被推至琅琊王氏谋取家族利益、抵抗异己的风口浪尖。王允之的每一次调任，都在王导的通盘棋局之中，王允之成为王导的棋子，并最终成为琅琊王氏家族的政治牺牲品。咸和九年（334），陶侃去世，庾亮从芜湖移师武昌。王导趁机派遣王允之为建武将军，除宣城内史之外，并监扬州、江西四郡，"镇于湖"。第二年，王允之改镇豫州。

咸康二年（336），王羲之任临川太守。咸康六年，王羲之在权力争夺的焦点——庾、王两家相争的夹缝中，出任江州刺史。王羲之任江州刺史的时间很有限，只有短短几个月。王导对于王允之的期望值和利用率大大超过了王羲之。次年，琅琊王氏的核心人物王允之任江州刺史，占据了江州，在家族间的权势角力中扳回一程。然而，庾家和王家的矛盾却日益激化，悲剧的命运即将降临。

咸康八年春，豫州刺史庾怿想用毒酒谋害江州刺史王允之，被其察觉。王用狗试酒，狗被毒死。王允之将此事密奏成帝。庾怿见事情败露，饮毒酒自杀。然而庾怿的死并没有阻止庾王两族的争斗。数月后，晋成帝驾崩，为了保证外戚的利益，庾冰坚决拥立成帝的弟弟康帝即位。庾冰大权在握，再次打起了江州的主意。这次他的目标是王导之子王恬。王恬丁父忧之后，庾冰将他派往偏远的豫章。王允之"闻之惊愕"，请求朝廷将自己的江州改派给王恬。谁知，庾冰趁机改派王恬去富庶的吴郡，并且调王允之为卫将军、会稽内史这样有名无实或者偏安一隅的闲职。同年十月，王允之郁郁而终。为了家族利益，王允之和庾怿代表各自的家族，为争夺江州付出了沉重的代价，无论是王家还是庾家都没有在这场血腥的斗争中占到便宜，尤其是琅琊王氏在这次失败中遭受到异常沉重的打击。田余庆对于王允之的死作出了这样的评价："王允之死后，琅琊王氏虽然还是代有显宦，宗族不衰，但基本上是靠祖宗余荫，靠社会影响。由此到晋末，真能影响到政局的人是一个也没有了。"

王允之的去世让王羲之再次看到了家族间血腥斗争的残酷性。王允之与庾怿的死，对于两大家族均是巨大的打击。庾怿自杀时才五十岁，王允之调任会稽内史，还未到任就死了，年仅四十岁。此时的琅琊王氏，已经由实权在握变为大权旁落，琅琊王氏已经走向衰败，而朝堂之上再也没有像王导、郗鉴甚至庾亮那样能够倚重的权臣了。加之母亲卫氏去世，三十九岁的王羲之借着为母丁忧之名，开始了他长达五年的隐居生活。在这五年中，朝廷公卿们没有忘记他，不断地给他新的任命，希望他能再次出仕。《晋书》记载，"朝廷公卿皆爱其才器，频召为侍中、吏部尚书。皆不就。"王羲之拒绝了包括侍中、吏部尚书等官职的所有召命，继续隐居。

在王导和庾亮的权力争斗中，王羲之始终能够保持一个相对中立的态度，敌对双方，无论是王导还是庾亮，都对王羲之赞赏有加。王羲之不但得到过王导的举荐，就连庾亮临死前也为他在皇帝面前说好话。王羲之身处于两大敌对的家族夹缝中，却能够从中调停与斡旋，这一点继承了他岳父郗鉴的政治策略，尽量化解仇恨和矛盾，同时避免家族内耗，以保存家族整体实力。王羲之辞去江州刺史一职的具体原因虽然不见记载，但是他的确能够在权臣相争的巨大漩涡中全身而退，这一点无人能及，甚至以雅量著称的王导都无法办到。王羲之在凶险无比的家族仇恨中，躲过杀身之祸，而同为江州刺史的王允之，虽然躲过了毒酒的谋杀，但是却很快再次陷入了困境，并且为此付出了生命的代价。由此可见，王庾两家的矛盾和争斗已经不是一两个人的死就能摆脱的严重问题，王羲之此时的全身而退不能不说是一种明哲保身策略的胜利。

# 三、志图复兴却劝阻北伐

王羲之在武昌任职之时，庾亮幕府中聚拢了一大批名士和贵胄子弟，王羲之得以与庾翼、殷浩、孙绰等人交好。王羲之当年的一个决策，意外地给他带来了人生的第二个政治转机。在殷浩的邀请下，王羲之结束丁忧，回归政坛。

晋康帝建元二、三年（344，345），庾冰、庾翼相继去世。至此，与琅琊王氏争得两败俱伤的庾家也正式谢幕，退出历史舞台。晋穆帝永和元年（345），两个新的历史人物粉墨登场，形成了殷浩—桓温的政治新格局，开始了另一段东晋政坛上你死我活的权力争夺。永和元年，桓温出任荆州刺史、安西将军，督六州，殷浩被任命为建武将军、扬州刺史。

《晋书》记载，殷浩，字深源，陈郡长平人。殷浩好清谈，弱冠即有美名。他一直不肯出仕，直到接受庾亮的邀请，赴武昌任参军、司徒左长史。庾亮死后，殷浩称疾，在丹阳的墓所隐居了差不多十年。永和元年，殷浩接受辅政的司马昱的邀请复出。

永和三年，殷浩执掌朝政，王羲之出任护军将军。王羲之的再次出仕，归因于司马昱和殷浩的劝告。这两人与王羲之关系非同一般，一个是其当年陪伴的会稽王，一个则是其武昌的同僚。殷浩在给王羲之的信中说："岂可以一世之存亡，必此足下从容之适？"

王羲之对于担任护军将军一职心存忌惮，他的《恭命帖》表明了当时他无可奈何的心情。桓温与殷浩的权力相争的格局已经形成，护军将军的重要职能就是保卫都城建康，支援和稳固扬州一带的局势，以牵制桓温据守荆州为中心的军事力量。虽然隐居在家，王羲之却对于当时的局势了然于心，他不想再次卷入凶险的漩涡之中。在给殷浩的信中，王羲之明确请求将自己派往关陇、巴蜀一带偏远地区驻守，借此远离是非之地，可惜这一请求没有得到许可。

虽然不情愿，王羲之通识大体仍然赴任。这位尽职尽责的护军将军发布的第一道命令为《临护军教》，在该命令中王羲之体恤下情，派专职人员彻查军情，听取民意，要求均平服役，提出对于营中的老、病、饥寒和困难的兵士要区别对待的一系列军政措施。

"北伐"始终是东晋的一个政治核心话题。东晋的祖逖、庾翼、殷浩、桓温都曾志图北伐。晋元帝时，过江世族思念故乡，因此祖逖的北伐得到了世族大家的支持，一举收复许多失地，使得"黄河以南，尽为晋土"。庾氏兄弟也试图北伐。至桓温，屡求北伐皆不得准。紧接着殷浩却欲以北伐自立功名，发动了两次北伐战争：永和八年（352），殷浩命令谢尚、荀羡出兵许昌、洛阳却遭到张遇叛变的打击，北伐失败；次年，殷浩亲自率兵七万自寿春北伐，大败而还。

王羲之以鲜明的态度赞同北伐，他反对东晋朝廷偏安一隅过太平小日子，但是对于殷浩的两次北伐他却极力劝阻。《晋书》描述王羲之极力劝阻殷浩的过程："时殷浩与桓温不协，羲之以国家之安在于内外和，因以与浩书以戒之，浩不从。及浩将北伐，羲之以为必败，以书止之，言甚切至。浩遂行果为姚襄所败。复图再举，又遗浩书。"王羲之在《遗殷浩书》和《与会稽王笺》中，对于时局的分析精辟透彻，充满激情，切中时弊。他劝殷浩休养生息，以百姓为重；招揽能士，"忠言嘉谋弃而莫用，遂令天下将有土崩之势，何能不痛心悲慨也！"最终必将导致"军破于外，资竭于内"。他在信中写道：东晋的国力无法控制淮河流域，不如采取竭力保全长江流域的战略……如果你北伐失败，沉重的兵役与赋税会激起民愤，时局变动，你就成了千古罪人，将无地自容！忧心如焚的王羲之同时也上疏司马昱，认为应当审时度势，当时内忧外患的情势不适合北伐，请求司马昱阻止殷浩的第二次北伐行动。王羲之认为北伐应该"必宜审量彼我，万全而后动"，"以区区吴越经纬天下十分之九，不亡何待？"

殷浩和司马昱对王羲之礼遇有加，但是对于他的力劝却置若罔闻。王羲之在与友人的书信中也屡次提及自己写给殷浩、司马昱的劝谏信，以及对于凶险的北伐军事行动颇为忧虑的心情。除王羲之外，吏部尚书王彪之也上疏认为降将有诈，"浩未应轻进"。

从王羲之的劝谏中不难看出，他对于殷浩北伐的恶果早有预料，认为必败，"常恐伍员之忧，不独在昔；麋鹿之游，将不止林薮而已"，最终的结果就是涂炭生灵，劳民伤财，并导致重大的时局变动，好友殷浩的政治生涯也将宣告结束。

殷浩果然大败而归，桓温列数罪状弹劾殷浩，趁机除掉了对手。永和十年正月，殷浩被贬为庶人，迁于东阳之信安县。殷浩对自己的失败百思不得其解，整天在家书写"咄咄怪事"四个字。王羲之在《与孔彭祖帖》中叹息："殷废责事便行也，令人叹怅无也。"又在《增运帖》云："吾于时地甚疏卑，致言诚不易。"他深深地感到人微言轻，自己的见解和主张得不到真正的重视，权臣的利益争夺导致百姓流离失所，生活愈发艰难。

桓温执掌东晋内外大权后，也着手北伐。桓温颇有军事谋略，在北伐中曾经取得过阶段性胜利。桓温的三次北伐，曾经夺取关中灞上，并收复洛阳。关中旧民流泪相迎："不图今日复睹官军。"百姓对于桓温心怀感激。可惜桓温将北伐视为自己树立威权的手段，在具体的军事行动中反应迟缓，常常误失良机，桓温北伐最终仍惨淡收场。

王羲之在桓温收复洛阳之时，才得知洛阳邙山上的王氏祖坟被毁一事，顿时悲恸欲绝。他在一封书信中谈道："旧京先墓毁动，奉讳号恸，五内若割，痛当乃何！"为此，王羲之还写下著名的《丧乱帖》，他说得知先人坟墓遭到荼毒，痛心疾首，"临纸感哽，不知何言！"对于桓温，王羲之的感激和敬佩溢于言表，他称赞"桓公摧寇，罔不如志。今以当平定，古人之美，不足比踪，使人慨叹"，上疏为桓温请功。王羲之与桓温交往频繁，书信不断，其社会关系也与桓温有着千丝万缕的联系。永和元年，桓温任安西将军后，王羲之作《桓安西帖》；永和二年桓温伐蜀时，王羲之作《十四日帖》；永和三年与桓温的部将周抚作《蜀都贴》《盐井帖》等；永和十年桓温北伐关中，王羲之马上作《二十三日帖》等；辞官之后，永和十二年作《桓公以至洛帖》《远近清和帖》；升平二年，王羲之作《与桓温笺》等。王羲之和桓温的交往细节保留在许多书札中。

## 四、注重民生的地方官

王羲之虽再次出仕，却不愿担任护军将军，于是他接连提出两个请求：请求去巴蜀驻边没有得到许可，之后他又请求担任宣城郡守。史书记载王羲之驻守宣城郡的经历用的是"苦求"二字。王羲之为什么要苦求宣城郡？宣城设郡始于西晋，治宛陵（今安徽宣城市宣州区），在原吴国的丹阳郡南。西晋的宣城郡包括芜湖、铜陵、池州、宣城、黄山等二十三个县。东晋的地方行政管理沿袭了西晋州、郡、县三级管理体制，宣城郡统领原西晋的十一个县，包括春谷（今繁昌县）、石城（今池州市贵池区）、陵阳、宣城、宛陵、广德、宁国、安吴、泾县、怀安等县。宣城郡初属扬州，咸和四年改属豫州。宣城郡自古盛产笔、纸，而史称其地山水之胜甲于东南，因此六朝贵胄皆求出守此郡。既然去不了边疆为国效力，王羲之便为自己考虑请求去个富裕且风景优美的好地方做官，无奈两个请求都没有得到批准。

永和七年（351），王羲之终于改任会稽内史，接替丁忧的前任内史王述，赴山阴（今绍兴）就职，开始了他最后一段政治生涯。会稽地处宁绍平原，会稽郡初为秦置，统领山阴、上虞、余姚、句章、鄞、鄮、剡、始宁、诸暨、永兴十个县，有人口三万户。会稽最高行政长官为内史，王羲之以右军将军加内史衔，从三品，俸禄二千石。

前面提到过，王羲之的治国方略是务实性的，对外强调军事，对内则强调民生。他反对王导的"愦愦之政"，在职权范围之内积极开拓，以实干取代清谈。在会稽执政期间，王羲之为政清廉，改革弊政，同情百姓。王羲之于会稽任上，正逢殷浩北伐，虽然劝阻失败，但由于预料到必败的后果，因此其施政举措中许多是针对北伐失利所造成恶果的纠正和补救。这些说明，王羲之劝阻北伐的思想不是一时之举，而是经过深思熟虑，有着长远而系统的政治和战略部署。

王述任职期间，重清谈，不理实务，被评议为"终日无事"。王羲之到任后，风气顿时一改，他积极巡视各方，体察诸县民情，发现了很多弊病，并立即着手整治这些问题。王羲之针对时弊主要着手进行了赋税、漕运、吏治和人口几大方面的治理。

东晋朝廷的国库来源主要依靠扬州缴纳的赋税，扬州地辖三吴，因其重要性，东晋时，扬州刺史一职多为宰相兼任，因此扬州为东晋之根本所在。会稽在扬州辖区，王羲之反对朝廷向会稽征收重税。《晋书·食货志》记载了东晋时期百姓的赋税情况：成年男丁之户，每年缴纳绢三匹，绵三斤，女子和未成年男丁之户减半。成年男丁占田七十亩，每亩地年收田赋米三升。东晋多次实行土断，对于世族和高门实行优惠政策，有的甚至可以免除赋税，经过连年的兵灾，增收的赋税早已超过官府的标准，东晋的百姓民不聊生，赋税沉重。《晋书·王羲之传》记载，王羲之多次上疏朝廷，要求减轻对东南地区的沉重赋税，尤其是吴会。他在《此郡帖》中写道："此郡之弊，不谓顿至于此，诸逋滞非复一条。独坐不知何以为治，自非常才所济。吾无故，舍逸而就劳，叹恨无所复及耳。夏人事请托，亦所未见。小都冀得小差，项日当何理。"会稽郡拖欠的朝廷征纳的税赋无法完成，"舍逸而就劳，叹恨无所复及耳"，从中可知王羲之无可奈何的境地。

遇到灾年，连年歉收，王羲之据理力争，要求减轻吴会地区的赋税，他的请求大都得以批准。有一年，东南一带闹大饥荒，王羲之力排众议，开仓赈灾。王羲之的《此郡帖》里描述了当年的灾荒，会稽东面周围五千里都闹饥荒。地方官私自放粮，最高刑罚可被处死，而如果等到上报朝廷获批后再来放粮赈灾，延误时机将导致饿殍满地、贼患无数。王羲之不顾个人安危，毅然决定开仓救荒，并且指出，如果不救荒将逼迫流民起义、造反，后果更为严重。在王羲之存世书帖中，"忧荒"之书保留有多封，足以看出他对于当时灾荒的忧虑和整治的决心。

　　除了缴纳赋税，杂役和兵役是农民身上的另两项沉重负担。无休止的征役，使得会稽等地人丁稀少，到了无役可征的地步。朝廷制定"补代""课补"政策，规定一人逃役，家人亲友甚至邻居代为服役的连坐法。积极严厉的制裁不但没有制止住流民，反而使得人口流失情况愈加严重，"户口日减""家户空尽"。针对这种情况，王羲之提出减免死刑和量刑轻判的建议。永和年间的一次大逃亡，就流失人口五百户之多。

　　王羲之曾经写给尚书仆射谢安一封书信，信中他提出"今事之大者未布，漕运是也"。对治理漕运提出具体的建议。政府对于漕运，可制定出期限，将具体的任务交给地方政务主管，不要总是不断地催促、督办，可以命令提出惩罚措施，免去地方官员的职务或者降职、流放。

　　禁酒令是王羲之执政期间的另一项重要举措。酿酒需要消耗大量的粮食，而魏晋饮酒成风，高门雅士常喜乐游饮酒，饮酒成为贵族日常生活的重要内容。为了节约粮食，自汉始，各朝代都曾经颁布禁酒令。葛洪在《抱朴子》中也开设"酒诫篇"讨论饮酒的弊端，年荒而谷贵，常有喝醉酒而杀人的，各地方官因此颁布禁酒令。一为节约粮食，二为整肃社会风气。

王羲之推行禁酒令，禁酒一年大约能节约下来上百万斛的粮食。王羲之素能饮酒，他自己有饮酒服食之好，但是为任一方，他约束自己的嗜好，要求朝廷颁布禁酒令，以百姓的生计和国家的繁荣兴旺为根本出发点。可惜的是，王羲之的这个提议也没有得到朝廷的认可。两晋之际饮酒服食之盛，已经到了非几个良臣廉吏就能够扭转的膏肓地步了。

经过一段时间的治理，会稽的情况得到稳定，百姓能休养生息，政策的宽松使得北方侨民和流民在会稽一带安顿，而人口、"黄籍"也慢慢增长。李贽在《焚书序》对王羲之的政绩作出评价，认为他时虑精深，有经济之才，但是这些政绩为其书名所盖，后世人只知其翰墨之名，"艺之为累大矣哉！"东晋世族政治不看重个人的才能，而以出身和门第为主要标准，世族大家皆穷奢极欲、横征暴敛、歧视寒门，更轻视黎民，地方官吏喜清谈不理实务。王羲之作为东晋第一高门的名士，能够不以门第待人、反清谈而强调务实、注重民生的执政思想，不仅突破了门第限制，而且超越了东晋门阀政治的一般性。这一点，在那个时代里尤显得弥足珍贵！

# 五、兰亭雅集传千古

让王羲之流芳千古的是他的新体书法成就，而最能体现新体之妙的就是千古名篇《兰亭集序》。

《兰亭集序》号称"天下第一行书"，作于永和九年（353）的上巳节。暮春三月，王羲之以领袖的身份召集众名士，包括孙统、孙绰、王彬、谢安、王蕴和凝、徽、操、献四子等共四十二人，在山阴的兰亭集会修禊、诗酒唱和。他们在溪水旁，曲水流觞，酒杯随水流到谁面前，谁就作诗，否则就罚酒。其中二十六人作有兰亭诗文，未能赋诗者，罚酒各三斗。所作诗皆为四言或者五言诗。

《兰亭集序》是王羲之为兰亭诗会文集所作的序言，通篇324个字，共28行，全篇诗文一气呵成，其章法布局参差多变而又浑然一体。用笔上为中锋、侧锋交替使用；其中有29个"之"、7个"不"字，皆极尽变化之法，无一雷同，令人叹为观止。王羲之传世的作品大多是轻便的尺牍，唯有《兰亭集序》篇幅较长，结构和章法构思巧妙，"萧散不具"，飘逸遒美，有极高的书法和文学价值。

孙过庭在《书谱》中称赞其"或重若崩云，或轻如蝉翼，导之则泉注，顿之则山安，纤纤乎如初月之出天涯，落落乎犹众星列河汉，同自然之妙有，非力远之能成"。笔随意到，意到笔随，运用自如。"反复观之，略无一字一笔不可入意"。《兰亭集序》是后世王羲之研究中最重要的一个问题，无论是笔法、结体，还是其真伪之辨，都是书法研究的热点。

除《兰亭集序》外，王羲之还留有二首兰亭诗，一首较短："代谢鳞次，忽焉以周。欣此暮春，和气载柔。咏彼舞雩，异世同流。乃携齐契，散怀一丘。"第二首较长，有五章五十句左右。王羲之的兰亭诗具有魏晋玄言诗的特点。

潘岳曾为金谷之会作《金谷诗序》，世人将王羲之比作石崇，将《兰亭集序》与《金谷诗序》作比较，王羲之听了非常高兴。史书记载兰亭集会主、宾共四十二人，如果算上随扈和侍从的话，那么兰亭禊的与会人数远远不止这个数，真可谓是盛况空前。

# 六、踩鸡蛋的对头

虽然王羲之辞官的原因众说纷纭，但是可以肯定的是，王述与王羲之的辞官有着直接的关联。王羲之一生周旋于世族高门之间，他的交往圈非常广泛，各个时期的权臣都与他有着交往，王羲之特殊的高门身份和名士声望为他的社会交往铺平了道路。他虽然性格耿直，但却清贵廉正，在朝堂之上几乎没有树敌。与他交恶的只有王述，他们之间的过节见于各种记载。

王述，字怀祖，是太原王氏的子弟。祖父为王湛，父亲为王浑。王述早孤，生活困苦，事亲孝谨，后获袭爵蓝田侯。王导因他是王浑的儿子，又恪守孝道，任用他为属吏。王导欣赏他："真独简贵，不减父祖。然旷澹处故当不如尔。"《晋阳秋》记载："（王）述道体清粹，简贵静正，怡然自足，不交非类。"

王述很直率，知错能改。王述在任宛陵令期间，贪渎行径被举检达到一千三百条。王导知道这事后，婉言告诫他。他回答："足自当止。"意思是够了就不要了。后来他为郡守，不再收受财物，变得很清廉，"禄赐皆散之亲故"。谢安称赞王述："去了皮都是真率。"简文帝司马昱评论王述，认为他的才干既不出众，又不淡泊名利，但只凭一点真率便足以胜过他人许多。从谢安和司马昱的评价中，能看出王述与王羲之的诸种区别：王述真率却有心计，王羲之性格则骨鲠；王羲之才干突出，书名尤盛，王述才能一般，重名利；王羲之投靠庾亮，王述则得到王导的提拔。他们分属不同的类型和阵营，但是同宗出身，都有高名；王羲之不重礼法，王述则以孝闻名。

《世说新语》中多处提到王述以及王羲之与他的交往。王羲之的《二谢帖》是写给谢家兄弟的问候书信，信中他关心谢万的病情，并邀请谢万及其岳父王述一起来喝酒。从信的内容来看，当时王羲之和王述并无过节，关系还很密切。

王羲之与王述同有高名。王胡之曾经问王濛："我家临川（王羲之），何如卿家宛陵（王述）？"王濛不答。王胡之说："临川誉贵。"王羲之为官很清廉，在这一点上他与王述的贪渎有着鲜明的对比，在个人操守和品德上，王羲之的声誉要高出王述一等。

《晋书》称王述位居高官之后，每每都以"柔克为用"。谢奕性格粗豪，王述一次得罪了他，谢奕对王述破口大骂，王述扭头面朝着墙壁，动都不敢动坐了半天。等谢奕骂累回家后好久，王述才转过头来问左右小吏："走了没有?"小吏回答："已经走了。"王述这才敢回身坐好。

王述本人的性格非常急躁。《中兴书》曰："述清贵简政，少所推屈，唯以性急为累。"《世说新语·忿狷》记载王述的急性子："王蓝田（述）性急"，一次吃鸡蛋，他拿筷子没戳着，于是大怒，一把将鸡蛋扔到地上。鸡蛋在地上仍然团团转，王述气得拿脚去踩鸡蛋。谁知还是没踩中。他更加生气，居然把鸡蛋从地上捡起来放到嘴里，咬碎了又吐到地上，以解心头之气。王羲之听说王述踩鸡蛋的事，哈哈大笑说："使安期（述父王浑）有此性，尤当无一毫可论，况蓝田耶?"意思是，就算王浑这么有名的人这样做也没什么可称道的，何况王述? 王羲之为临川太守时，王述只是宛陵令。王羲之的话里透露出对王述的轻蔑之情。

王羲之对王述的轻视态度以及他们不同的礼教观念，导致了两个人之间后来发生了一系列冲突。及后，两个人的政坛地位发生了变化，王述反而成为王羲之的上司，两人矛盾升级，王羲之和王述不断发生摩擦。王羲之向来看不起王述，王述晚年声名日盛，王羲之心里愈加愤愤不平。王羲之任会稽内史时，遇上王述丁忧，在会稽山阴为母亲治丧。郡守王羲之按照礼节，屡次说要去吊唁。王述是个孝子，尤重礼教，王述每次一听到号角声就赶紧打扫，迎接王羲之，结果一直等了几年王羲之都没有去。后来，王羲之到了王述家门口，命下人通报，王述在内堂边哭丧边等着王羲之，王羲之却不进去掉头走了，以此来凌辱王述。"述深以为恨","于是彼此嫌隙大构",从此王述对王羲之恨之入骨。这也可以看出魏晋名士颇重生死,对于父母亲朋的去世尤其悲痛不已,常常真情流露。比如,有位兵家女才貌双全,还没有嫁人就病死了,阮籍跑去灵堂大哭,也不管死者的父兄根本不认识他。而王羲之的举动已经超越了常规,对于以孝顺出名的王述而言,这种侮辱更是无法忍受的。后人对于王羲之凌辱王述的事实也都颇有微词。有人认为王羲之恃才傲物,肆意凌辱他人,遭致报复最后愤而辞官完全是他自作自受。

王羲之认为凭王述的才能,最多只能做到仆射,与他这个会稽内史无法相提并论。谁知,丁忧后的王述竟然在永和十年二月,取代殷浩担任了扬州刺史一职。王羲之在得知王述成了顶头上司之后,心知不妙,于是派使者请求朝廷把会稽从扬州改划归越州,以脱离王述的管辖范围。他的行动不但没有得到批准,反而为众人所取笑,留以笑柄。王羲之已经预料到在王述的管辖内,自己的日子不会好过,势必遭到王述的报复。果然,王述上任后巡视全郡,就是不去会稽。即使见到王羲之,王述也是态度冷淡,仅走的时候"一别而去"。王述对于王羲之的政务工作严加督察,深挖细究,吹毛求疵,其竭尽苛求让王羲之疲于应对,不堪其扰,甚为羞愧。"蓝田密令从事数其郡诸不法,以先有隙,令自为其宜。右军遂称疾去郡,以愤慨至终。"王羲之的《辞郡帖》《万石帖》《辞举帖》都描述了他当时疲于应对王述的苛责和不断的打击报复,不堪其辱之事。王羲之又恨又耻,于父母墓前告誓,自言不复仕。朝廷以其誓苦,于是不再征用他。

对于与王述的过节,王羲之气愤至极,甚至拿儿子出气:"吾不减怀祖(王述),而位遇悬邈,当由汝等不及坦之故耶!"王坦之为王述之子,当时被誉为"江东独出"的名士,官居侍中。王羲之埋怨自己的儿子们，说自己不比王述差，但是官位却逊于他，这就是因为儿子都不如王坦之的缘故！

## 七、愤而辞官仍心系家国

穆帝永和十一年（355）春，王羲之在他父母的墓地，悲愤告誓，退出官场。他以一篇《告誓文》总结了自己三十几年的官宦生涯，对于琅琊王氏家族的未来非常感伤，无可奈何之情溢于言表："小子羲之敢告二尊之灵：羲之不天，夙遭闵凶，不蒙过庭之训。母兄鞠育，得渐庶几。遂因人乏，蒙国宠荣。进无忠孝之节，退违推贤之义。每仰咏老氏、周任之诫，常恐死亡无日，忧及宗祀，岂在微身而已。是用寤寐永叹，若坠深谷，止足之分，定之于今。谨以今日吉辰，肆筵设席，稽颡归诚，告誓先灵。自今之后，敢渝此心，贪冒苟进，是有无尊之心而不子也。子而不子，天地所不覆载，名教所不得容，信誓之诚，有如皦日！"

王羲之辞官之时，还给司马昱写了一封信。这封信即《殊遇帖》，信中王羲之表达了对司马昱举荐自己的感激之情，谈起自己对于离开朝廷和亲友们的复杂心情，自言路途遥远，将来难以再见面，以此拜别朋友。

其实，王羲之的辞官不仅是他与王述之间的个人恩怨所致，琅琊王氏和太原王氏的权力更替，桓温和司马昱等人的势力争夺才是最根本的原因。

太原王氏与桓温不合。太原王氏与陈郡谢氏都蔑视桓温家族不显、门第低下。每提到桓温，都贱称其为"兵"。王述很看不起桓温。王坦之曾为桓温长史，桓温曾经想联姻太原王氏，与王坦之结成亲家，他为子求婚。王坦之回家看望父亲，王述很疼爱他，虽然儿子已经长大，却还把他抱到自己膝盖上坐着。听完王坦之说明桓温的意思，王述大怒，推下王坦之说："你可真糊涂！怎么能碍着桓温的面子把女儿嫁给兵家这么低等的人呢。"王述坚决不同意把孙女嫁给桓家，王坦之只好用别的理由向桓温推辞。桓温说："一定是你父亲不同意。"于是作罢。

太原王氏与琅琊王氏的关系也处于实力变化阶段，太原王氏以王坦之的政治影响力最高，琅琊王氏则已经衰落。永和三年（347），晋穆帝四岁，纳皇后。王述主张应大力庆贺，作《婚礼应驾仪》，主持朝廷礼仪的王彪之马上上书反对，作《婚礼应不驾仪》，与王述针锋相对。

朝廷委派王述出任扬州刺史，借此与桓温抗衡。王述顶替殷浩，足见他与桓温的关系也是势同水火。而王羲之与桓温关系很好，他对于桓温的功绩非常钦佩，与桓温书信往来密切，对于王羲之亲桓的态度，司马昱特别警惕。用王述来控制王羲之，不许会稽划归越州也不能不说是司马昱掌控琅琊王氏家族的策略之一。司马昱正是利用了这种家族间的矛盾、冲突来制约自己的政治对手。在殷浩被废黜、扬州刺史出现空缺之际，王述出任此职，既填补了地方重镇的空缺，也保障了自己和太原王氏的集团利益。琅琊王氏和太原王氏之间的对抗，族望间互相抵牾，一切以家族利益为标准。直至后来谢安、王坦之、王彪之联手才挫败了桓温篡位的企图。

辞官后的王羲之仍然关心朝政，心系家国安危。他得知谢万将担任军事重任，写信给桓温说，谢万的才能只在通经治学，谢万重清谈，适合参与朝议，处廊庙之上。要他去治理边关之乱，几乎是用违其才。随后，他又修书一封给谢万，称他以才情之高，亲理庶政实在屈才，也劝诫谢万要以"通识"随时调整政策，与士兵同甘苦共患难，不要因为事小而不为。事业在于积少成多，没有积累是办不成大事的。王羲之的劝诫和担忧不无道理，他十分清楚谢万高傲、空谈的缺点。谢万出征之后，果然是因为王羲之指出的那些缺点而惨遭失败，被废为庶人。谢万寿春一战失败后，写信给王羲之，以"惭负宿顾"来表达自己的惭愧。王羲之回曰："此自禹、汤之戒。"

儒家的本质是严格的封建等级制，以"君""父"为重。道家却崇尚"无君""无为""自然"的思想。王羲之的执政思想明显是以儒家的基本原则为指导，这也印证了琅琊王氏家学中的儒学传统。

王羲之辞官后，退隐于会稽，寄情于山水之间。好友谢万等人曾经劝他重新出仕，他留下《与吏部郎谢万书》婉言谢绝，直至逝世也没有再踏入官场。

# 第5章

# 五斗米道与服食之好

　　王羲之的思想倾向于玄学中的调和派，因此他对于儒道关系的认识与葛洪、李充相似，走道、儒结合的道路，认为"道术修身，儒术应世""道者儒之本也，儒者道之末也"。王羲之政治思想秉承的是儒家经邦治国、积极入世的原则，但是对于他的个人生活而言，则完全是道家式的。他信奉道教，辞官后归隐山林，乐游山水，求田问舍，服食饮酒，注重养生。在经受了子孙辞世、病痛折磨等重重打击之后，王羲之于五十九岁去世，朝廷特赐他"金紫光禄大夫"，但他的儿子们遵父遗命，坚决不接受封号。

## 一、书扇济贫与黄庭换鹅

　　王羲之任会稽内史期间，常探访民间疾苦。一次在山阴的蕺山，他遇到一位老妇人在卖当地产的六角扇，扇子非常简陋，即使卖得很便宜仍无人问津。老妇人满面忧愁，王羲之见状非常同情，于是提笔在扇子上龙飞凤舞地写了五个字。老妇人不识字，见他写得潦草，怪他写坏了自己的扇子。王羲之安慰她说："告诉买扇的人这是王右军书，要卖一百钱。"果然，人们争相抢购，扇子很快售完。第二天，老妇人又带了一大筐扇子去找王羲之，求他题字，王羲之只好到处躲藏。至今，绍兴还有一处"躲婆巷"，据说就是当年王羲之躲藏的地方。

民间流传最广的一则故事就是王羲之爱鹅的传说。在真实的历史中，王羲之对鹅的确情有独钟，唐宋大量名家诗词也以此为典故吟咏称颂。李白《王右军》："右军本清真，潇洒出风尘。山阴遇羽客，爱此好鹅滨。扫素写道经，笔妙精入神。书罢笼鹅去，何曾别主人？"又作《送贺宾客归越》："镜湖流水漾清波，狂客归舟逸兴多。山阴道士如相见，应写《黄庭》换白鹅。"

杜甫《得房公池鹅》："房相西亭鹅一群，眠沙泛浦白于云。凤凰池上应回首，为报笼鹅王右军。"

卢纶《寻贾尊师》："新传左慈诀，曾与右军鹅。"

孟浩然《晚春远上人南亭》："林栖居士竹，池养右军鹅。"

苏舜钦《宝墨亭》："山阴不见换鹅经，京口空传《瘗鹤铭》。"

黄庭坚《送舅氏野夫之宣城》："谢公歌舞处，时对换鹅经"等等，历代诗词中尤以李白的诗句"山阴道士如相见，应写《黄庭》换白鹅"最为脍炙人口。

王羲之生性喜欢鹅，在他隐居的金庭观有鹅池三百亩；山阴的兰亭建有鹅池，池旁立有鹅字碑；绍兴戒珠寺以王羲之宰鹅的故事而得名；而距金庭三公里的灵鹅村则因王羲之的家鹅飞于此显灵而得名。

张彦远《法书要录》转虞龢《论书表》：山阴某村有一位道士，养了十多只好鹅。王羲之得知后，特意清早乘小船前往。王羲之看到那群鹅之后非常喜欢，请求道士把鹅卖给他。谁料百般劝说道士都不肯卖鹅。道士称自己求道，一直有个心愿，想要请人抄写经书，但是苦于找不到善书之人。如果王羲之能屈尊为他抄写经书，完成心愿，就把那一群鹅送给他。王羲之一听满口答应，诚心诚意花了半天的时间，工工整整地为道士抄写了《黄庭经》，然后高兴地把鹅带回家。同书载《王羲之书目》云："正书五卷。共四十帖。《黄庭经》六十行。"虞龢《论书表》《晋书·王羲之传》则称其所写为《道德经》，而《容斋四笔》《法书要录》《考古编》《瓮牖闲评》却都认为所书为《黄庭经》。

魏晋时期道教盛行，道士写经及画符必以善书者作之。故学道者，常常探寻名家真迹以摹写，其情状与学书者四处求访碑帖无异。东晋很多书法名家抄写经文的作品也流传至今。陶弘景《真诰》载有叙录写经画符事，其后指出，从道者皆字体劲利，"偏善写经"，画符则"郁勃锋势"。道符注重的是字，不是符纸，道教对文字的重视，形成了独特的文字信仰，因此它讲究书写，形成了对书法的重视。《太平御览》引《太平经》云："（郗愔）心尚道法，密自遵行。善隶书，与右军相埒。手自起写道经，将盈百卷，于今多有在者。"米芾在《画史》中记载，海州的刘生收藏有王献之所作画符和神咒一卷，都为小字，写的是五斗米道的经文。陈寅恪在《天师道与滨海地域之关系》中说："东西晋南北朝之天师道为家世相传之宗教，其书法亦往往为家世相传之艺术，如北魏之崔、卢，东晋之王、郗，是其最著之例。"

除了写经换鹅之外，王羲之还有其他与鹅有关的故事。会稽有位孤居的老妇人，养了一只擅鸣的白鹅。王羲之见了非常喜欢，叫人去买来。老妇人穷苦无依，只有白鹅相伴，不愿卖鹅。无奈，王羲之只好亲自登门拜访。老妇人得知王羲之要来，大喜过望，苦于无菜款待贵宾，便把白鹅杀了，做成菜肴。等王羲之来后，不见白鹅，得知鹅已被宰，伤心地离开，以至于回家后"叹息弥日"。

蕺山的戒珠寺，相传为王羲之的别业，寺前现存洗砚池和鹅池。传说王羲之有颗明珠，常常把玩。一日，明珠失踪，疑为一老僧所窃，老僧含冤而死。后来一只鹅死了，宰杀之后发现鹅肚里的明珠，王羲之懊悔不已，从此再也不把玩明珠。

有人认为王羲之爱鹅，是因为他从鹅的姿态中体悟到了书法的用笔，并将执笔、腕力的使用与鹅的形态结合起来，开创了新的书写方法。其实，除了上述可能性之外，鹅对于王羲之还有宗教和现实的意义。

与书法一样，鹅也是道教的常用之物。《食疗本草》指出鹅"与服丹石人相宜"。陈寅恪引《名医引录》考知，古时鹅为道教医药之上品。葛洪精通医术，他在《抱朴子内篇·仙药篇》引《神农经》说：（鹅）"上药令人身安命延，升天神，遨游上下，使役万灵，体生毛羽，行厨立至。"《名医别录》也称：鹅为上药之一百二十种。能主养命以应天，且无毒，多服久服不伤人。欲轻身益气、延年益寿者，以鹅为上经。《本草纲目》列鹅为上品，且特别注明，鹅尤其适宜于常服丹药之人食用。根据医书记载，古人认为鹅有解五脏丹毒之神奇功效。魏晋高门、贵族常有服食丹药的嗜好，而鹅性能解毒，因此鹅也为服食之人喜好。这是王羲之爱鹅的现实原因。

流传甚广的"黄庭换鹅"故事在王羲之的书法作品中得到了印证。王羲之的《黄庭经》是王羲之楷书的代表作，其气韵飘逸，笔致婉丽，是不可多得的艺术珍品。王羲之的家族信奉道教，具有某些标志性的特点，如爱鹅、善书、抄经、爱竹。按《真诰·甄命授》："竹者为北机上精，受气于玄轩之宿也。所以圆虚内鲜，重阴含素。亦皆植根敷实，结繁众多矣。公试可种竹于内北宇之外，使美者游其下焉。尔乃天感机神，大致继嗣，孕既保全，诞亦寿考。"从这段文字可以得知，竹子和龟、鹤一样被道教赋予了成仙、长寿的意义，作为仙家之用。

道教对竹子的认知，也影响到士族的个人喜好，王徽之爱竹也与他信奉五斗米教有关。竹、鹅、书法都是道家的常用之物，这便是王羲之爱鹅的宗教原因。

## 二、名不避讳的秘密

魏晋时期的取名以单名制为盛，但是琅琊王氏家族，后皆取双名，且子不避父讳，常以"之"与"僧"为名，累世不避讳，直至家族的最终消亡。如王羲之、王胡之、王允之、王玄之、王凝之、王徽之、王操之、王献之等。古代避讳制规定人们在说话、行文的过程中，凡遇到与君主、尊、长者名字相同的字面或音，不得直接写出或说出，须用其他方式替代。晋人确有避讳的习俗，桓玄曾经"闻讳而哭"。周密《齐东野语》中谈到王羲之的祖父名叫王正，因此每逢写字遇到"正月"，王家人即改写为"初月""一月"，或者用"政"字代替。那么王羲之家族"名不避讳"的原因究竟是什么呢？

王羲之及其家族名不避讳的原因在于他们的道教信仰。道教为中国的本土宗教，创立于东汉顺帝时期。张陵入蜀创立的道教，以符书传道，收米五斗，故被称为"五斗米道""天师道"。东汉末年，道教两大教派并立：太平道遍布青、徐、幽、冀、兖、豫、荆、扬八州，旁及并、凉。天师道则盛行于巴、蜀、汉中地区。灵帝中平元年（184），以太平道为组织形式的黄巾起义被镇压后，太平道衰落。西晋以后，只有天师道在北方的传播见于记载，五斗米道盛行于南方的荆州、江夏、琅琊、会稽、扬州、吴郡等地。至北魏，道教改革废除五斗米的收费制度，五斗米道的称呼也随之消亡，此后只称道教或天师道。

道教崇尚神仙信仰及方术，初以为人治病的方式传教，因而在社会下层和蛮夷地区传播很快。直至西晋，葛洪将五斗米道和儒教合而为一，推动了五斗米道在上层士族阶层的流传。下层道教信徒往往重视的是现实的利益得失，而上层道教信徒更看重理想精神境界、长寿和养生等需求。葛洪提出成仙的条件是修儒，他把成仙之术与做官之道结合起来。神仙方药、鬼怪变化、养生延年、驱邪避祸是道家的修炼，人间得失和世事臧否，属于儒家的修养。因此道教信仰有两个基本追求，一是成仙，二是求富。葛洪举黄帝为例，认为黄帝就是先治世而后登仙的，是"能兼之才"。因此士族一边在俗世当官，一边修炼成仙，才是最理想的方式。五斗米道有严格的等级划分，服食丹药、羽化飞天或者肉体成仙是五斗米道上层人物的特权，至于下层教徒，只能"尸解"成仙。

五斗米道在汉代就传入琅琊郡，东晋起江淮流域才盛行五斗米道。琅琊王氏世奉五斗米道，诸侨姓带着他们的家传宗教一起东渡江左。琅琊人孙恩，世代信奉五斗米道。孙恩起义，率部众聚于会稽。有妇人因婴孩太小，不能带走的，就用篾篓包袱裹婴孩投到水中，对孩子说："祝贺你先登仙境，我随后再来找你。"孙恩兵败之后投海，他的部众、姬妾称他羽化成水仙，以至于上百人被愚弄也跟着投海自杀。道教有《水仙经》，称水解成仙是下层民众尸解成仙的一种方式。妇女将婴儿投水，孙恩侍从投水从死，都受到了五斗米道成仙说的蛊惑。

"之"字为五斗米道的一个特殊的标示符号。陈寅恪在《天师道与滨海地域之关系》中考证出"之"字实代表宗教信仰之字，为天师道之符号。凡信道者，其人家世或本身十分之九与滨海地域有关。原因是神仙学说之起源及其道术之传授，必与滨海地域有连，由环境习染而信教。东晋直至六朝不避名讳的例子很多，其中许多带有"之"字。宋文帝太子刘劭，笃信五斗米道，四子中的三个取名为"伟之""迪之""彬之"。祖冲之的名中带有"之"字，也是因为信奉五斗米道而家族不避名讳，累世相传。简文帝奉天师道，他字道万，其子名道为司马道子。由此可知六朝人重家讳，而"之""道"等字却不在避讳之列。

## 三、宗教信仰：精道、通佛

王羲之不但笃信道教，而且通晓佛理，他与道士和僧人常有往来，与僧道保持着密切的交往。

王羲之的传世书帖中有大量与道教信仰有关的内容。王羲之在《行穰帖》中关心友人的健康，问友人行穰去了很久后，回来后身体怎样？是不是好些了？言语中尽显他对行穰能消灾避难的信任。行穰，是古人向鬼神祈祷以消除灾祸的宗教祈福仪式。古人常带一些书帖，帖上记载有大量的人名，用于道教的特定仪式和场合中，为名单上的人祈福。

王羲之任内史期间，曾经为民求雨，因此求雨的内容也在其书帖中有所体现。他在书信中，询问董仲舒的开闭阴阳之法，并且为会稽无雨之事而倍感忧虑。董仲舒将先秦的阴阳术纳入汉儒体系，从而将他提出的"天人合一"交感说赋予了神秘色彩。王羲之求雨，与友人探讨开闭阴阳之法，试图改变天象，解决天旱的灾难。

道士许迈是王羲之晚年交往非常密切的一个人物。辞官后，王羲之专心求道，他与道友许迈一同游遍了东南名山大川。《晋书》记载他们共修服食，不远千里去采集药石的事。

许迈，字叔玄，丹阳句容人。其家族为世族出身。许迈生性恬淡，不爱仕途。少年时请郭璞为其占卜，得到泰卦的"大畜"卦象，郭璞建议他学习求仙之道。许迈一直等到父母终老之后，遣送妻子回家，携同道友一起遍游名山，修炼成仙之道。许迈修道后改名玄，字远游，有高名，交游甚广。永和二年之后，许迈搬至临安的西山隐居。王羲之常去拜访他，两人意气相投，以至于终日忘归，王羲之与许迈结成世外之交。许迈曾经写信告诉王羲之，山阴、临安一带生长着很多仙草，有很多适合修炼的地方，自汉末起，得道之人都在此修炼。许迈行踪不定，颇具神秘色彩，有人称其最终羽化成仙，得道而去。

佛教自汉代白马迎佛之后，开始在中原传播。到东晋之后，佛教也在江左传播开来。东晋是佛教本土化的一个重要时期，在这个时期内，佛教将其义理与玄学中的某些内容结合起来，高僧大都通晓老、庄。结交名士是东晋佛教传播的策略之一，琅琊王氏和众高门是僧人所着意结交的对象。东晋佛教的高僧有支道林、康僧渊、康法畅、支敏度、竺法深、于法开、慧远等人，他们结交东晋名士，以此获得上层社会的认可和支持。史籍资料中，有高僧如何刻意周旋、结交名士的明确记载。

琅琊王氏家族世代信仰道教，东渡后，从王导开始，琅琊王氏家传的道教信仰便与佛教信仰融合起来，王氏家族中信佛与信道的人并存，但在东晋阶段，家族仍以道教信仰为主。王导、王洽同当时的竺法深、康僧渊、竺法汰等高僧有来往。《世说新语·赏誉》称，竺法汰从北方而来，初时人不知其名。法汰得到王洽的供养，每当王洽去游览名胜都带其随行。竺法汰没来，王洽便停车不前。从此，竺法汰名声大振。除王洽外，热衷于佛教的名士还有何充、郗超。

与东晋名士交往最为频繁的高僧是支道林，他与王羲之、殷浩、谢安、孙绰、许询、王濛等人关系密切。支道林以善清谈而闻名，许询曾与其论辩，大败而归。支道林在寺院开讲玄理及老、庄，常有上百听众。谢安和王羲之在会稽，经常与许询和支道林同游。

王羲之初到会稽，支道林当时也在会稽。孙兴公谓王曰："支道林拔新领异，胸怀所及，乃自佳，卿欲见不？"虽然有人引荐，但王羲之出身高贵、性格高峻，瞧不起支道林，不肯见他。孙与支便一起乘车去见王羲之。王羲之见面也不和支道林交谈。过了一会，支道林走了。等王羲之出门的时候，支道林在门口拦住他的车说："你不能走，我要和你谈谈。"王羲之便问他能不能解读《逍遥游》，支道林顿时作出几千字的文章，辞藻华美、"标揭新理"且"花烂映发"。王羲之"遂披襟解带，流连不能已"。从王对支的折服可见支道林善于清谈。他除了对玄理的内容熟悉之外，更加注重言辞、音调的华美，这些都符合当时上层士族的审美趣味。

王献之也曾与谢安谈论过支道林："王子敬问谢公：'林公何如庾公？'谢殊不受，答曰：'先辈初无论，庾公自足没林公。'"

王洽之子王珣、王珉崇信佛教，就连他们的名字都用"法""僧"二字。王珣字法护，王珉字僧弥。

六朝时期有六十四位名僧均有很高的玄学造诣。玄学与佛理在内在精神上有融通之处，精于佛经的高僧们同时研读玄学经典，玄、佛在一定程度上合流。佛教对玄学与清谈的影响体现在两个方面：一是佛教名僧精研玄学，加入清谈；二是在佛教义理中引入玄学与清谈的成分。这些举措使得佛学在玄学背景下获得生存之地，也赢得了魏晋名士对佛学和佛教的浓厚兴趣。在史书中有明确记载的东晋虔诚信佛之名士，有周嵩、郗超、何充、何准、王恭等人。这些人都手握重权，具有相当的社会影响力。东晋元、明二帝也都信仰佛教，晋明帝还曾亲绘佛像，这些无疑都推动了佛教在江淮流域的传播。

## 四、养生就靠药和酒

道教的思想内核即"贵生"，通过导养、行气、服食、房中等手段，以达到长生不老的目的。它对以往各种方术的养生、神仙思想、传统医学等诸方面多有继承、吸收与借鉴。魏晋人受到道教思想的影响，崇拜神仙，认为人可以通过特殊的途径，在现世就能超越生死、腾云驾雾、长生不老。按照五斗米道的解释，人想要长生不老，成为随意变化、上天入地的神仙，就得修道。修道由内外两个方面组成，内养需要"守一"。炼气、行气引导，只能达到延年益寿的目的，想要长生不老、得道成仙就要依靠丹药——金丹。六朝时期，修道最重要的手段是外丹术，葛洪是道教"丹鼎派"的代表人物，《抱朴子》内篇中详尽介绍了各种丹药、丹方以及炼制方法和服食方法。丹药通过炼丹术得到，炼丹术不仅能炼制丹药，而且还能炼制金银，其实炼制出来的金银不过是伪金和伪银。求长生与求富贵是道教的两个修炼目的，因此道教十分重视炼丹术。服食丹药以求长生的这种特点不仅限于魏晋，在其后上千年的中国古代历史中也不断重演。凡道教盛行的时代，人们都热衷于炼丹术，求取金丹以图长生不老，笃信道教的人常有服食丹药而中毒身亡的例子。

魏晋道教炼丹术主要包含三方面的内容：金丹、仙药和黄白。中国较为缺乏贵重金属资源，在古人的眼里，黄金是最珍贵的宝物。黄金不仅稀缺而且性质稳定、色泽鲜艳，道教赋予了黄金某种生命的恒定性，认为金丹经过高温炼制，具有无限变化却性质始终保持稳定，符合人们对长生的界定，因而认为服食金丹也能够使人具备与黄金同样的恒定性，达到不死的目的。同时，黄金也是财富的标志，拥有黄金代表着获得俗世中的财富和幸福。道教的仙药主要指五芝、云母、雄黄、玉、真珠、胡麻等中药材，炼仙药包含仙药的产地、性质、采集、加工和服食等知识。黄白就是伪金和伪银，伪金和伪银的主要成分是铜、汞、铅、锡等，将其与催化剂合成得到的黄色和白色的合金就是伪金和伪银。古代炼丹术是人类早期化学知识的理论和实践，炼丹术是古代医药、动植物、矿物和冶金类知识与技术的综合运用。

虽然道教理论中有很多封建迷信成分，但是道教的炼丹术和养生说也推动了祖国医学的发展，魏晋时期中医发展并建立了外科、妇科、儿科、五官科、六畜病、疑难杂症等较为全面的知识体系，当时的医学甚至对于免疫都已经有了一定的认识，这比西医要先进了几百年。《世说新语·术解》就记载了一则郗愔的故事：郗愔常患腹内恶疾，诸医不可疗，闻于法开有名，往迎之。法开说："君侯所患，正时精进太过所致耳。"给他开了一剂汤药。郗愔一服，即大泻，其中有数段拳头大小的纸团，剖开一看，是先前他所服下的道符。

道教在古代天文、地理、历算、医药、炼丹和养生方面有着巨大贡献，尤其对于中医所具有的独特养生理论和医学体系建立，道教的贡献功不可没。王羲之晚年的求仙问道生活，其中有很大一部分就是采药、炼药和养生。

据《新剡琅琊王氏宗谱》（乾隆年间）记载，东晋升平四年岁次庚申（360），王羲之炼丹于剡县之鼓山（金庭东侧），有题词志石。辞云：

> 粤若吾先，琅琊肇址。临沂孝弟，郡么燮理。轩冕盈朝，会稽内史。兰亭追趣，祓除上巳。致政金庭，南朝别墅。光鼓西涯，剡邑东鄙。绝献周重，崇

岗顿起。鼓宏对旗，巅夷若砥。其地可锄，有药堪饵。奚啻沃州，岂让天姥？纯庵紫芝，爰居乐土。文坛武土单，鹅池墨池留侯赤松，明哲可许。诗赋莫友，簪盖良士。眺望楼迟，思惟窃取。仲尼咸仁，朝闻夕死。孟轲传道，无有乎尔。厥赋惟均，为之亦是。世远人非，知谁遁此。右军镌石，鼓山同峙。

此段辞志表达了王羲之的人生经历以及他的情逸趣味和个人追求，尤其吻合他晚年隐居修道的心灵、生活状况。王羲之与友人的书帖也常谈到他如何采药炼丹："乡里人择药，有发简而得此药者。足下岂识之不？乃云服之令人仙……"

魏晋人常服食一种叫作"五石散"的药物。汉代，因五石散毒性较大，不大适宜服食。传至魏晋，名士何晏改进其配方，调整了药性，将其毒性降低。何晏本人身体病弱，常服食此药，经过他的示范，服食五石散也就在名士中流行开来。王羲之有帖言："服足下五色石膏散，身轻，行动如飞也。"五石散，又名寒食散，主要由石钟乳、石硫黄、白石英、紫石英、赤石脂这五种主要药材构成。经由何晏改进后的五石散，另佐以海蛤、防风、栝楼、白术、人参、桔梗、细辛、干姜、桂心、附子等十种中草药，捣筛为散，用酒送服。其药效除治伤寒之外，像石英、石脂、钟乳，皆有"益精益气，补不足，令人有子，久服轻身延年"之效。孙思邈的《千金方》说"所以常须服石，令人手足温暖，骨髓充实，能消生冷，举措轻便，复耐寒暑，不著诸病，是以大须服"。《千金方》称其"百病皆治，不可悉记，甚良。久服则气力强壮，延年益寿"。魏晋时人很大程度上将五石散视为包治百病的良方神药，自此成为名士常服食的药物。

五石散的药性非常强烈，具有发散的功效。服用之后，人体随即全身发烧，汗流不止，然后变得发冷。倘穿衣多而食热物，药物的毒性就会致人死亡。然而，只有一样饮食是不必冷吃的，那就是酒。因此服食五石散之后，必须要脱掉衣服，用冷水浇身，吃冷食，饮热酒。服用五服散的人，由于身体不断发烧，表层皮肤变得非常脆弱，不能穿太紧的衣服，以免皮肤被衣物擦伤，因此，晋人常轻裘缓带，着宽松的衣服。服食之后，皮肤易磨破，穿鞋也不方便，故古人不穿鞋袜而穿屐，或者光脚。服食完后，不能休息，身体发烧必须用疾步行走的方式发散药物对身体的伤害，这也就是"行散"。服用后，通常会令人感觉"神明开朗"，倍感愉悦。皮肤病的出现，使得洗澡成为一件痛苦的事情，晋人名士有的常年不洗澡，扪虱而论，而袒胸露腹、纵情酒色都是服食带来的直接后果。

　　精壮之人服食之后，暂时能获取身轻似飞的快感，随着毒性深入，身体逐渐衰老，服食的毒害就愈发凸显出来。晋初重臣裴秀，服散之后错饮冷酒，结果"寒热累月，张口大呼，眼视高，精候不与人相当，左右以冷水洗之，用水数百石，命绝于水中"。皇甫谧为晋代著名医家，对五石散研究甚精，他本人却深受五石散之害，《晋书》本传载他"初服五石散，而性与之忤，每委顿不伦，尝悲恚，叩刃欲自杀，叔母谏之而止"，服药后带来的极度痛苦由此可见。王羲之也遭受了同样的巨大痛苦。《全晋文》中收录有王羲之的《追寻帖》《转佳帖》和《彦仁帖》。在这几封书札中，王羲之谈到了自己的服食之好在晚年给其身体带来的恶果。其杂帖中云："袁妹及得石散力，然故不善佳，疾久，尚忧之。"王羲之对于服食的作用感到怀疑，他对友人表达出自己的忧虑。他说一旦服食，虽然得到片刻的效果，但很快就会催人变得更加衰老。在一些书帖中，有他对自己病情的描述：发热、身体肿胀、内脏的绞痛，服用冷酒的禁忌，用药，腹泻，足不能行走，燥不能眠等。有些表述则明显具有毒入内脏、病入膏肓的症状。王羲之对于服食伤身的觉醒来得太迟，他也自知时日无多了。

## 五、乐游山水，心向巴蜀

王羲之辞官后，与东土人士尽山水之游，弋钓为娱。他"遍游东中诸郡，穷诸名山，泛沧海，叹曰'我卒当以乐死'"。王氏家族与金庭颇有渊源。《道经》记载了王羲之家族的始祖王子晋，向往神仙，在天台北门金庭桐柏山（今嵊州金庭）第二十七洞天（道界三十六洞天之一）修炼的故事。传说王氏始祖周灵王太子晋羽化登仙后，称桐柏真人，号称白云先生，他是白云洞神，常在洞边吹笙。《潜夫论》也记载："……王氏，其后子孙，世喜养性、神仙之术。"

道经《十道志》有谶曰："两火一刀可以逃。""两火一刀"是"剡"字；"可以逃"意思是，剡中是一个灾祸不侵的清静之地，可以躲避世间灾难和俗务的侵扰，适宜于求道之人修炼。金庭多产灵芝、胡麻、黄精、白术等药材，泉水清馨甘洌，风景秀美。此地山清水秀，白云缥缈缠绕，鸡犬相闻。山中有瀑布，每当春夏季节，飞流三叠泻入潭中，蔚为称奇。山腰有一天然岩洞，俗称"白云洞"，终年白云缭绕，林间百鸟和鸣，堪称仙家灵境。因此剡中又被称作崇妙之天，养真之福地。王羲之晚年循祖先之迹隐居于此，并卒于金庭。

崇尚自然是老庄学说的核心。道家以道为本，崇尚自然。老子自然观所描述的返璞归真的境界显示出人与自然界的亲近思想。庄子进一步描述了理想人格形象如"神人""真人"与自然山水的关系。《庄子·知北游》："山林与，皋壤与，使我欣欣然而乐焉！"大自然是真实的，人应当回归大自然，摆脱名利的约束。以道家思想为核心的玄学也把对自然山水的亲近、观赏看成是实现自由、超脱人格生活理想的一个重要方面。郭象所提出的"圣人虽在庙堂之上，然其心无异于山林之中"的玄学理论成为魏晋名士尊崇的模式。采药的目的不仅促进了魏晋士人登山游览，同时也推动了魏晋时期山水诗文的创作。

王羲之有诗句："山阴道上行，如在镜中游。"

孙绰曰："固以玄对山水。"

阮籍："昼短苦夜长，何不秉烛游"；"目送归鸿，手挥五弦，俯仰自得，游心太玄"。

王献之在风景秀丽的会稽山阴游览之时，不禁感慨："从山阴道上行，山川自相映发，使人应接不暇。若秋冬之际，尤难为怀。"

王胡之观吴兴美景，亦叹道："非唯使人情开涤，亦觉日月清朗。"

王玄之自云徜徉在松竹幽涧的自然美景中，可以"消散肆情志，酣畅豁滞忧"。

王徽之曰："散怀山水，萧然忘羁。"

谢灵运："池塘生春草，园柳变鸣禽"；"三春燠敷，九秋萧索。凉来温谢，寒往暑却。"

陶渊明："久在樊笼里，复得返自然。"

名士在有限的生命里寻求自我的满足，把自己的人生理想融化到实实在在的生活乐趣中。在晋人看来，田园山水不止是自然景观，更是人生的归宿、精神的家园。士人超越世俗之上，以虚静之心对山水，山水进入虚静状态，与人的生命融为一体，人与自然相忘。东晋庾阐、谢灵运的山水诗的出现，是玄学、乐游山水盛行的产物。

在某些书札中，王羲之提到了他登山的具体地点。如《全晋文》卷四中有一则："王逸少字顿首谢。七日登秦望，可俱行。可早也。"这是王羲之写与朋友相约登秦望山的书信，他们约定了登山的日期，随行的人数。信中流露出欢悦的情感，他还要求朋友早一点出发，对于登山一事充满了期待。常与王羲之游历的有谢安、许询、李充等亲朋好友。

王羲之曾经向朝廷提出驻守巴蜀的请求，他辞官之后，一直与驻守巴蜀的周抚书信往来频繁。周抚是王敦的部将，在蜀中待了几十年，与琅琊王氏交往非常密切，同王羲之的关系也非同一般。王羲之的《蜀都帖》中写道："省足下别疏，具彼山川诸奇。扬雄《蜀都》、左太冲《三都》殊为不备悉。彼故为多奇，益令其游目意足也。可得果，当告卿求迎，少人足耳。至时示意，迟此期真以日为岁。想足下镇彼未有动理耳。要欲及卿在彼，登汶岭（岷岭）、峨眉而旋，实不朽之盛事。但言此心，以驰于彼矣。"

王羲之把登山游览视为"不朽之盛事"，向往巴蜀奇异的山川，称雄伟绝妙的山川只有真正游览观瞻后才能心满意足。如果能和周抚一起登上汶岭、峨眉山，那将是件多么不朽的盛事。王羲之对巴蜀盐井、火井、秦汉的遗迹、民俗风情也十分关心，他常在信中询问详情。

蜀地的盐井指的是四川自贡一带的盐井，自贡地区开采井盐利用的是当地丰富的自然资源。巴蜀独特的自然资源让王羲之非常好奇和向往，此外，四川还是道教的发源地，有诸多道教名山，这也是王羲之心系巴蜀的另一个重要原因。

王羲之与周抚之间，常常互赠礼物。周抚派人送给王羲之的有青李、樱桃，王羲之收到果物，欣喜地种在自己的庄园里。蜀地出产竹子，周抚还常送给王羲之蜀地产的竹杖。王羲之回赠给周抚以庄园的作物以及江南特产的丝绸。

## 六、置田买地，开发江南

西汉时，今江苏南部以及浙江、福建地区只设有一个会稽郡，其余的大片土地都处于蛮荒状态。魏晋南北朝时期的州郡建制和地理沿革错综复杂。由于流寓到南方的贵族享有豁免赋役的权利，所以，东晋政权在这些北人所居的南方州郡中，暂时建立了北方州郡名称。这些虚设的州郡，后来逐渐划定了实土。从东晋到陈朝，先后实行过九次规模和范围不等的"土断"，即改变北来侨户的特殊身份，就地划归当地郡县管理，从而取消其免除赋役的特权，借以扩大政府的财源和兵源。至六朝，长江以南大面积土地得以开发，经济发展迅速，人口、郡县数目大为增加。

东晋初年，朝廷根本无力救济数目庞大的流民队伍。在王导主持下，东晋朝廷制定了"侨寄法"，设立了许多侨州、侨郡、侨县，借助大族力量垦荒务农，免除流民赋役，这不但对安定人心、减少社会混乱起到积极作用，更重要的是推动了农业生产和社会经济的发展。

琅琊王氏，世代为"悉资俸禄而食"，南渡之后，王氏失去世袭封地，只有些小规模的庄园和零星土地。朝廷为安置侨姓官宦世族仍然推行西晋按照官品高低占田和拥有劳动力的法令。王氏一门依赖仕官，较之于同时代谢家、孔氏的广置豪田，累资巨万的豪阔之气，不可同日而语。史籍常有江左王氏一门中家贫之人的记载。

王羲之的田园记载较多，他晚年隐居于会稽一带，当地多有他的田宅别业。东部各县开发较迟，有川泽湖田，地多空旷，王羲之也在东部置办产业。王羲之任会稽内史期间，还在郡城东北的戬山兴建别业。辞官后，他又在金庭、石城鼓山等地建有庄园。此外，他在吴郡、吴兴一带也都有田园，其中一顷乌泽田、二顷吴兴田。

除上述田产外，王羲之还在书信中托人在丹阳郡湖熟县一带寻访水田，并买宅四十亩。他的小型庄园中，种植的是果树，出产柑、橘、梨、桑和药材等物品。

在《与谢万书》中，王羲之尽情描述了自己摆脱世情、逍遥得意的隐逸生活状态："比当与安石东游山海，并行田视地利，颐养闲暇。衣食之余，欲与亲知时共欢宴，虽不能兴言高咏，衔杯引满，语田里所行，故以为抚掌之资，其为得意，可胜言邪！"

长江中下游地区土地肥沃，气候温和，适合农作物的生长，但在东晋以前，人口较为稀少，农业、手工业技术远不如中原地区先进。三国两晋南北朝时期，江南地区因为地广人稀，土地垦殖还仍然使用火耕水耨的落后办法。甚至到南朝晚期，当地粪肥法还没有完全取代火耕肥田法。自东晋建立后，人口不断向东南、江淮流域各地迁移，东晋数次颁布土断法，安置大批中原流民和侨族，以致人口数目急剧增长，为江南的开发补充了充足的劳动力。人口的迁移还带来了中原先进的生产工具、农业技术和作物，水利开发也在这一时期发展起来，江淮流域的水利灌溉得到推广。

沈约在《宋书》中记载，南朝时，江南——会稽地区、太湖流域、洞庭湖流域、鄱阳湖流域成为全国主要的粮食产地。荆州、扬州土地肥沃，物产丰富，渔业、盐业、丝绵纺织业甚至海上贸易得到空前的发展，达到一定的高度。南朝时期长江中下游和沿海资源得到大力开发，为江南的发展奠定了殷实的基础。

## 七、频有哀祸，终老金庭

升平四年，谢安接到桓温的邀请出仕，担任司马一职，王羲之对好友谢安出仕寄予了极大的希望，但王羲之其他的亲友就不那么幸运了。升平二年，从弟王洽逝世，年仅三十五岁。升平三年，好友荀羡逝世，年仅三十八岁。升平五年，久病不愈的郗昙逝世，年仅四十二岁。王羲之悲痛难忍，连写数封书信哀悼这位至亲。郗昙死后葬在丹徒（今镇江南），《陈书·世祖九王传》载，六朝陈国年间，征北军人盗发其墓，"大获晋右将军王羲之书及诸名贤遗迹事"。

紧接着，晚年的王羲之遭受到最大的打击——官奴（王献之）的小女儿玉润和延期（王操之）的小女儿相继夭折。得知孙女有恙之时，王羲之曾不顾身体羸弱，带病向上天祷告，希望孙女能早日康复。谁知两个孙女早夭，他在数封书帖中表露得伤心欲绝，形容自己"悼痛切心""伤悁之甚""不能已已""临纸咽塞"。

王羲之当时已经是五十几岁的老人了，他感叹自己时日无多，也没有什么遗憾，只不过是等死，唯希望子孙兴隆，家族繁荣。谁知旦夕之间失去两个孙女，身体的病痛与心灵的悲伤加在一起，令他实在难以忍受，伤心欲绝。王羲之的《频有哀祸帖》表达了他当年的悲痛心情，虽然没有写明具体的原因，但他在书帖中写道："频有哀祸，悲催切割，不能自胜。奈何奈何！省慰增感。"

此后王羲之的身体每况愈下，《太平御览》引《太平经》记载，王家请杜恭为王羲之看病，杜恭对弟子说：王右军的病一定不轻了，否则怎么会来找我看病？十余日后，王羲之就病逝了。

东晋升平五年（361），王羲之葬于金庭瀑布山（又称紫藤山）下。因此金庭成为王羲之一门世代祭祀祖先的地方。其五世孙王衡，舍宅为金庭观，遗址犹存。梁大同年间（535～546），嗣孙建右军祠于墓前，并于观旁建书楼、墨池，唐裴通撰有《金庭观晋右军书楼墨池记》。

隋大业七年（611），王羲之七世孙智永和尚嘱徒尚杲（吴兴永欣寺少门），专程赴金庭祭扫，并撰有《瀑布山展墓记》，立碑墓前。王羲之的墓葬萧条冷落，被智永重新修葺，得以保存。

明永乐年间，张推官树碑于墓右。弘治十五年（1502），重建"晋王右军墓"石碑，今尚存。

清道光二十九年（1849）冬，王氏嗣孙王秀清于金庭观左侧建"晋王右军墓道"牌坊，至今仍然保存完好。

王氏子孙代代相传，悉心经营祖先创下的金庭道观。南齐永元年间置道士十人，仰祈灵秘，密与神通。设有焚修田四百六十亩，均为道观财产，由道士守之。王羲之定居金庭，金庭的王氏后裔多擅书画，作品挂满厅堂、书房，人称"华院画堂"。后人定村名为"华堂"，现仍为华堂村。据当地县志记载，王羲之墓葬及其故居，经过历代的修建、扩充，至清代，金庭仍然留有金庭观、雪溪道院、花光水色楼、高山流水亭、潺阁、墨池、玩鹅亭等众多遗迹。

王羲之足迹遍及东南各地。嵊西的独秀山相传为王羲之读书处，山上观音殿悬有"右军旧游地"匾额；山麓建有桃源乡乡主庙，奉王右军为乡主。嵊北的崉山有"羲之坪"。嵊东的清隐寺、嵊新交界的王罕岭等，均为王羲之游憩之地，至今也尚有遗迹可寻。

王羲之生前的官职按照晋代的规定为四品，但是他世袭官位，并以会稽内史加封右将军衔，有人称其官职应为三品。王羲之死后，朝廷追封给他以"金紫光禄大夫"，《晋书·职官志》有载："光禄大夫加金章紫绶者，品秩第二"，追封他为一品，但其后人秉承王羲之遗愿，固辞不受。

# 第 6 章

## 新体书法成就

　　王羲之的书法备精诸体，但尤擅楷、行、草书，且"俱变古形"，为历代书者所崇尚，影响极大。中国书法史历来认为，传统书法在王羲之手里才成功地完成了楷、行、草书的全面变革。王羲之对于传统书法的最大贡献，首先在于他"增损古法，裁成今体"，确立了新体书法的今文字体系，沿用至今；其次，他实现了传统书法由"古质"向"今妍"的转变。

## 一、要除隶意先去波挑

　　王羲之书法的可贵之处，在于他继承众家之长精研体势，一改汉魏以来质朴古拙的书风，认为"书乃吾自书"，完成了妍美、俊健的新体之变，从而达到了"古今莫二""备成一家"的高度。

　　古汉字书体的演变从殷商的甲骨文发展到西周的金文（又称为"钟鼎文""籀文""大篆"）。秦统一中国后，颁布"书同文"法令，将文字统一为小篆。但是小篆为官方文字，秦仍有文字"八体"，"八体"中包含有隶书。自战国中后期起，隶书便作为民间俗体而产生，汉代确立起以隶书为主流形式的今文字系统。

汉隶上承篆书之规范，下启楷、行之变——在隶书成熟的同时，出现了破体的隶变，再继续发展成为章草，同时行书、真书开始萌芽。古、今文字系统的更替离不开民间俗体之变的影响，俗体之变的特征始终渗透在各类书体的变化之中。汉魏之际，俗体文字的发展为王羲之的新体之变奠定了坚实的基础。

以真、草、隶、行为主的汉代文字系统，实际上是以汉隶、章草、楷书和行书四种为主要形式。汉隶古称"八分"，虽然在汉代的不同时期也有着不同的表现形式，但其总体特征仍然为"波挑"之法。汉隶改革篆书的圆体为扁体，书于简牍之上，并且取中锋用笔。章草形成于汉隶笔法成熟的西汉中晚期，章草的用笔之法仍然沿用了隶书的笔法，即在字结束之时采用波挑法，字与字之间基本上不相连。楷书和行书的出现更要晚于其他书体。《宣和书谱》称，自汉代的王次仲开始，以隶字作楷法，出现楷体。《书断》则认为行书为汉代刘德升所开创。

魏晋南北朝时期，既是书体演变的终结期，也是文人书法发展的高峰期。从东汉开始的今草、行书和楷书各书体衍变形式，发展到了东晋，终于在王羲之手中达到其成熟阶段，完成了新体体系。

王羲之的主要成就在于新体书法，所谓"新体"，就是楷书体系，它不仅是中国书体史上的最后一个体系，也是由王羲之确立并完成的，包含着楷书、行书和今草的成熟书法体系。

与此同时，王羲之在自汉而下的中国古代文人书法流派和脉络中具有重要的历史地位，他上承钟繇、张芝笔法，下启王献之，并且作为文人书法传承的重要人物，开创了成为后世帖学根源的"二王传统"，从而将中国古代书法，尤其是魏晋书法的生命力，向后延续了几千年，直至今日。

王羲之在继承前人的基础上，发展了楷书和行书，并且改革草书，将行书和草书结合成一体，糅合成行草，形成了具有鲜明个性特征的书法风格和审美趣味，他的书风妍美流变，贵超群品。王羲之书法，究其源头，草书源于张芝，楷书和行书则源自于钟繇。钟繇的楷书，其特点是以横捺取代了隶书的蚕头雁尾，并且把篆书和草书写法中的圆转笔画加以运用，也被称为"真书"，即楷书早期形式。钟繇楷书明显地表现为左右波挑，仍存隶意。王羲之沿袭了钟繇笔法，却改革了钟体的取横势和波挑之笔，应波挑之处却不发其锋，以新式的撇画代隶书式的掠笔，从而去除了带有隶书特征和意味的波挑。

王羲之在卸任江州刺史之后的一段时间内，书艺精进，凭借新体书法的影响力而声名远扬，其新书体风靡一时，以行草书和楷书为世人所重。晚年，王羲之书法达到极盛期，将新体书风推向高潮，并且推动东晋形成"爱妍而薄质"的书法审美风尚。王羲之曾以章草答庾亮，庾翼见字深感叹服。晚年王羲之书法精品包括《兰亭序》《乐毅论》《黄庭经》《丧乱帖》《十七帖》《初月帖》《破羌帖》《旦夕帖》等。孙过庭在《书谱》称赞王羲之的各种书体："写《乐毅》则情多怫郁；书《画赞》则意涉瑰奇；《黄庭经》则怡怿虚无；《太师箴》又纵横争折；暨乎《兰亭》兴集，思逸神超；私门诫誓，情拘意惨。"

## 二、三过折法与一拓直下

王羲之新体书法的一个典型特征为"三过折"。"三过折"笔法是"楷书笔法"中一种特殊形式，其表现为横画、竖画，

121

以及一些无锋的撇画、捺画之中。

"三过折"笔法具有"起笔、行笔、收笔"三节构造，构成一个独立而完整的笔法形式。典型的"三过折"法在横画上表现为顿笔起笔上承前一笔的笔势，中段绞转行笔，笔锋渐行渐转，行至最末端以顿笔为收，收笔再顿并启发下一笔笔势，实现了前后笔画与笔势之间的巧妙连接。这种笔法，即使字与字之间没有直接的联系，也已经在字之间巧妙地设置了一种笔势上的内在联系，字形因此也产生了相应的变化。朱和羹《临池心解》云："作书须笔笔断而后起，言笔笔有起讫耳。然行书笔断而后起者易会；草书笔断而后起者难悟。倘从草书会其用笔，则探骊得珠矣。"王羲之以后，以新体楷书的笔画为标志，各书体的书写方式普遍实现了"断而后起"的形式变化。

王羲之晚期尺牍作品《何如帖》即体现了"三过折"笔法的特征。例如其中的"何"字，"亻"部的竖画最后有一顿笔蓄势，以重新连接下一笔画，"可"字部以横画起笔，用一个切锋的顿笔来承接上一笔的笔画。在他的作品中，字的开始与结束的位置都有一定的独立性，笔画的形状和位置不会轻易随笔势而改变。较之于隶书，王羲之楷法写出来的字更加方便和高效。再如《孔侍中帖》中的"月"字，其肩部转折处的横笔和竖笔亦可以拆解为各自独立的笔画，因此不会互相影响以导致空间构型的改变。钟繇小楷中的横画大多还保留着长长的横势，王羲之运用的"三过折"笔法将这种长长的横势去除掉，使得横画于其他笔画在楷书中逐渐和谐统一。

"楷书笔法"还包括了"三过折"笔法以外的笔法形式，"一拓直下"是王羲之楷书笔法的另一个重要特征，王羲之的"一拓直下"，横竖起笔清晰可见，收笔时也一改隶书的重按之法。例如《二谢帖》中"佳"字的"亻"部竖画、"所"字左边的竖画，《丧乱帖》"惟"字"心"部竖画，《得示帖》"故"

字"古"部竖画,《平安帖》"当"字首画。在横竖之外的其他的一些"三过折"笔画中,也可见此类"S"形扭曲。《奉橘帖》中的反捺,《频有哀祸帖》中的撇画,均能见到这种微妙的起伏笔意。除此之外,王羲之的楷书笔法还表现为撇画中段中侧锋转换的圆转,捺笔笔画的前后两段间的笔锋转换动作,也可以表现为起到笔画间承接作用的各种形式的点画,总的原则是在保持笔画独立性的基础上,实现起止时笔锋向各个方向的自由运动。

"三过折"是王羲之新体书法的特殊表现,这种笔法典型地反映了成熟的楷书新体书风中妍美的特性。"三过折"笔画起笔处有一顿笔动作,线条的前半部分呈上仰的趋势,后半部由于收笔的顿笔动作,呈下覆盖的形态,因此整个笔画呈轻微"S"形扭动。"三过折"笔法能做到与前后笔画在笔势上的有效连接,也保证了文字基本的空间构型。"三过折"成功解决了笔画因笔势勾连而导致形变问题,汉字字体因此停止演进。王羲之的楷书已脱去隶意。《黄庭经》《乐毅论》《东方朔画赞》是王羲之楷书的代表作。初唐,这几部书帖都曾入内府,唐代原迹流散,现在只留得唐摹本和刻本。现存一唐摹本《黄庭经》为硬黄纸墨迹本,藏于台北故宫,另一本藏于北京故宫博物院,其上有董其昌的跋语。

## 三、尖锋入纸,顿笔为收

笔锋的运用方法也是王羲之新体书法成就中的一个突破点。王羲之的运笔自然、含蓄,其笔毫分别作旋转、平行和上下运动,有别于魏晋通行的运笔之法。从传世书帖来看,晋人用笔,主要用毛笔的笔毫在点画内部按照曲线轨迹运行,而在起止和节点位置上通常不作过多停留。王羲之的笔法则格外强调笔画的起止、弯曲以及转折和连接等节点位置，笔法上有明显的提按动作，其结果是用这种方法所作的书写运动，更能凸显速度感、韵律感和节奏感。

对于毛笔笔锋的运用是中国书法的要求。侧锋用笔是隶变的一个重要特征，隶书使用侧锋来沿革篆书笔法，运用笔锋创造出隶书书法"蚕头雁尾"的标志。隶书的特征是侧锋线条和方形结构。隶书的"蚕头雁尾"在起始和结束之间的变化，必须用侧锋才能表现出来，侧锋就伴随隶书产生了。在简牍上书写篆书出现侧锋是因为工具的原因，而在尺牍书上书写的隶书使用侧锋则是有意为之的，是为了增强其形式感。单纯运用圆形的中锋线条运动不能表现出隶书的波挑之态。无论是从摹本还是刻本来看，王羲之用笔的特点是中锋、侧锋并用，笔画形态变化多端。虽然中锋侧锋并用，但是他运用起来内敛且自有章法。王羲之把方圆、疏密、肥瘦、藏露、动静、刚柔等诸多因素有机地统一在一起。王羲之的楷书笔法，在运笔方式上，比"隶势"增加了更多的动作，尤其是在起笔、顿笔的过程中，笔锋经历了由侧锋逐渐向中锋的转变，而在顿笔到收笔的过程中，笔锋又经历了由中锋向侧锋的转变。因此王羲之的新体笔法实现了书写活动中的两次笔锋转变，更富于变化。

"楷书"笔法定形以后，无论笔画间如何变化，即便是草书和行书也只需作出局部形态的调整，便可实现笔画间的有效连接而不会影响到整个文字体态的变动以致发生基本字体的变动。因此，王羲之完成的"楷法"是以楷书为基本的表现形式，但却又超出了楷书的范围，涵盖到其他字体。

例如，《孔侍中帖》中的"十"字横画则作了"三过折"的调整，笔画末端多一顿笔动作，是相对接近楷书的形态。

《奉橘帖》"十"字横竖笔画有勾连，却是行书化的形式。《姨母帖》《十七帖》《寒切帖》三帖中的"十"字作比较，三帖中的写法都不相同，但是这些"十"字的行草化的表现，仍然被视为是同一种书体形式。

《姨母帖》是王羲之新体书风形成前行书的代表作，字形相对较扁，笔画肥厚，缺少成熟楷书最后的顿笔收法，与王羲之其他尺牍作品之间亦存在着一定的差异，充斥着隶意，具有古拙气息。《姨母帖》以中锋用笔为主，而在《丧乱帖》《二谢帖》以及《兰亭序》中，王羲之就变为由侧锋起笔，中锋运动，在翻折、钩挑中又转为侧锋，整个过程中侧锋、中锋交替使用，却一气呵成，毫无滞意。《姨母帖》中横画的平势，在《丧乱帖》和《兰亭序》中变为一拓直下的欹侧之势。

王羲之的书法被唐太宗称赞为"尽善尽美"，楷书到了他手里，自此定了形，没有再发生过变化。《宣和书谱》云："字法之变，至隶极矣，然扰有古焉，至楷法则无古矣。……所谓楷法者，今之正书是也。人既往之，也遂行焉。"又云："此书既始于汉，于是西汉之末，隶字不刻，间杂为正书，若《属国》《封阳》《茹君》等碑，亦斑斑可考矣。降及三国钟繇者，乃有《贺克捷表》，备尽法度，为正书之祖。东晋幸兴，风流文物，度超前世。如王羲之作《乐毅论》《黄庭经》，一出于世，遂为今昔不货之宝。"

王羲之用笔是"按锋直引，迅牵疾掣"，获得了草法"易而速"的旨趣。他的笔法比钟繇的翻笔来得简易，简便易学。王羲之写草书、行书的笔势是顺势疾行纵引，字与字之间笔势勾连，突破了以往草、行书单字的造型格局，出现了"字群结构"，从而使笔势的"赋形"功能凸显了出来。

# 四、鼠须蚕茧写兰亭

《兰亭集序》（简称《兰亭序》）是王羲之新体行书的代表之作，论者皆以之为古今行书之冠。庾肩吾在《书品》中高度称赞《兰亭序》，将其比作书学中的孔孟经典："学书家视《兰亭》，犹学道者之于《语》《孟》。羲、献余书非不佳，惟此得其自然，而兼具众美。"《兰亭序》的笔法极富变化，笔道劲健匀畅，形态自然潇洒，结体冲和安详，不激不厉，其中二十多个"之"字，写法各不相同，《兰亭序》成为行书的"法典"，米芾称之为"天下第一行书"。王羲之作《兰亭序》时，畅怀饮酒，与一众名士诗文相和，"达其情性""形其哀乐"，因此"神融笔畅"，能作此千古佳作。据说王羲之第二天酒醒后多次临写《兰亭序》，但是意已不逮，不尽如意，再也写不出那样神妙的《兰亭序》来。宋人薛季同云："右军以其草稿涂窜之余，初不用意，而笔落萧散，自有天然奇趣耳。"不经意间挥洒而就，少了刻意为之的拘谨，多了一分自然神妙。

《兰亭序》不仅字、文堪绝，就连书写材料的挑选也非常考究。王羲之认为行书需用鼠须笔和蚕茧纸来书写，据记载，王羲之写《兰亭序》所用即"蚕茧纸，鼠须笔"，这是中国传统书法艺术在器物层面的表现，也是东晋书法成熟的一个标志。

王羲之一生专注于对笔墨纸砚等书写工具的研究。纸张的质量和吸墨性直接影响到书法作品的风格，选择不同的纸张，对于书体的表现非常重要。书写用笔在晋代益发讲究，在兔毫笔、羊青毛笔之外，还有遒媚劲健的鼠须笔、鸡距笔等，而纸更是有所发展。

王羲之认为写正体的楷书必须用临川薄纸,而行书讲究行笔流转活泼,因此适合用光滑细腻的蚕茧纸书写,而飞白体连绵纵横,则非得用宣城一带出产的白麻纸不可。王羲之对于书写材料的细致要求,并非一般意义上的个人情趣或封建高门的奢靡之风,其对于纸的重视与当时的社会风气和官方规定有直接关联。北宋苏易简《文房四谱》卷四云,东晋桓玄时即明令以黄纸代简用恭,又云:"晋令诸作纸,大纸广一尺三分,长一尺八分,听参作广一尺四寸。小纸广九寸五分,长一尺四寸。"一尺三分代表官府文书的规定形制。"土纸不可以作文书,皆令用藤角纸。"东晋中央的官牍文书对文书用纸有特定的要求。唐代官文书用纸也有严格区别,中书制诏必须用黄藤纸。"纸以麻为上,藤次之,用此为重轻之辨。"而皇帝诏敕文书则规定高一尺三寸,长三尺,具有不可逾越的标准。

王羲之对于书写材料深有研究,他认为这影响到书法作品的品质,首先体现在古代纸张尺寸和幅度对书体的影响上,其次是材料间的配合度对效果的影响上。魏晋时期是简牍文书向纸文书过渡的时代。古代纸张的大小有一定的标准,当时的纸张尺寸都是一尺见方左右。这样特殊的物质条件促进了魏晋南北朝时期的书法形式与风格的形成,《平复帖》《伯远帖》即晋人纸本尺牍墨书的典型样式。4世纪至7世纪,中国古纸宽度约为24厘米,相当于汉制的一尺。敦煌发现的木牍,也大多是长约24厘米,因此古纸的宽度与简牍标准高度相似,而汉制"尺牍"的高度,对于后人用以抄写的纸的宽度具有很大的关系。

魏晋尺牍书法为后人称道,虽然现存的大多是摹本,除陆机的《平复帖》被多数学者认定是西晋原迹外,晋人尺牍之貌全仗唐人摹本流传,其纸式也不能真正代表魏晋南北朝时期的真实形制。南宋赵希鹄《洞天清录集》说,东晋二王尺牍用纸

"止高一尺许，而长尺有半。盖晋人所用，大率如此"。

中原流传的尺牍书法作品，在20世纪的边关考古发现中找到了证据，楼兰残纸的发现就是一例。楼兰残纸中的《李柏文书》，是前凉西域长史李柏写给焉耆国王的信函，成书时间为东晋初期。这两封东晋原迹信函，高23厘米，与当时的简牍制式相同，最为直观地展示出了东晋书法的原始样式。古代的尺牍尺寸是随度量衡用尺逐代加大的，隋唐一尺的长度达到30厘米，大大超过了汉魏晋的尺寸，所以唐摹晋人法帖在晋人原迹书帖尺寸之上。例如颜真卿《祭侄稿》《刘中使帖》等唐人尺牍，都超过了29厘米。

简牍时代受到书写材质的局限，汉字书写自然而然地呈直行排列形式展开。特别是在简书中，直列形式尤为明显。之后的牍书也基本沿袭了简书这种字距紧密、行距隔开的形式，但是受到隶书结体横势的影响，字距与行距之间的疏密有所减弱。纸书尺牍以后，采用乌丝栏帛书行款一样的界栏格式，这在魏晋楼兰纸书尺牍中就已经出现，例如王羲之《寒切帖》最初就写在竖栏之内，这一特点甚至在唐摹本仍存留着其界栏的印痕。魏晋纸书尺牍并非完全是界栏面目，但有研究证明，多数可能还是采取了折纸为行的做法。行与行之间的折叠，因纸厚造成行宽距离前后不一，书写时一旦溢出行外，写在凸起的边棱上，便会形成节笔。这些特点在王羲之的《丧乱帖》、颜真卿的《刘中使帖》等作品中较为普遍地存在。

## 五、古质今妍，二王流风

王羲之对于书法创作有着独特的见解，他说"古之章草，未能宏逸。今穷伪略之理，极草纵之致，不若藁行之间，与往法固殊，大人宜改体；且法既不定，事贵变通，然古法亦局而执"。因此，在王羲之的尺牍作品中，常常出现行草相杂的情况，其欹侧多姿，而章法、节奏丰富，透露出"飘如游云，矫若惊龙"的天真率意韵味和风度。王羲之"俱变古形"创制出"今体"，他的字更欹侧，笔势由横张变为纵引。用笔上，王羲之简化了"古体"的翻挑用笔，采用"一拓直下"的笔法，灵活运用折笔和侧锋，使得他的作品简洁明快。

折笔和侧锋的应用是王羲之书法表现出"今妍"之态的直接原因。"今体"一改过去"横斜"而为"斜划紧结"，从而剔除"古体"书法结构上的隶意。王羲之变制的今草，不仅结构"紧结"，而且偏旁之间形成了大小、高低、偏正的关系，使字的姿态欹侧，顾盼生姿。

不仅王羲之在楷书、行书上"俱变古法"，他对于草书也有着突出贡献。王羲之改变章草横向的笔势，使笔势乘着运笔速度的纵快而扩展。运笔速度的快捷和笔势的纵引，使纵快飞移的笔势勾连于字与字之间，使笔锋突破了以往草书以单字为造型单位的旧法，出现了不同于"单字结构"的"字群结构"，使草书的连绵性更浓郁。

《初月帖》中，侧锋、中锋并用，转换自由，结字纵横开阖极富韵律。在《初月帖》中，王羲之创造出连字分组的行款方式，不但把笔画相连的几个字巧妙地构成一组，而且，在几个笔画不相连的字之间也造成了一种俯仰应合、势态连贯的感觉。各组之间以不同的倾斜姿势相互衔接，构成波动有致的曲线。《初月帖》突破了王羲之从篆隶到章草的直线式布局，由字势的灵动扩展为通篇局势的无比灵动，充分展示出他对于以往草书观念的大胆突破和创新。

他的《小园帖》《尝新帖》等，更是在纵横之法上大作文章，尽显宏逸之势，大开大合，翻折用笔细腻精致，有向大草发展的趋势。在《丧乱帖》《频有哀祸帖》《二谢帖》《得示帖》中，今草的笔法、草势被王羲之大胆引入到行书的书写中，这不仅使行书中杂糅了今草书体，而且出现了王氏今草中那种笔势贯通的"字群结构"。王僧虔在《论书》中云："亡曾祖领军洽书与右军书，俱变古形，不尔，至今尤法钟、张。"王羲之在草、行、楷中的成就在"俱变古形"的"俱"字上下足了功夫。

张怀瓘认为钟繇和王羲之是最重要的两位书家，他们实现了汉字书法古今转变的过程："钟、王真行，一古一今，各有自然天骨。"虞龢的《论书表》对"古"与"今""质"与"妍"作出了解释："夫古质而今妍，数之常也；爱妍而薄质，人之情也。"《论书表》的这段话是东晋至六朝书风的最好写照，那就是"爱妍而薄质"。在基本概念上，"古"就是"质"，"今"就是"妍"。王羲之在古体书法的基础上，吸收了魏晋民间书法中的质朴与天真，对前人用笔法、结字法和笔势的利用、改造和整合，使其书法更加秀润淳雅，取得了"俱变古形"的成功，而形成"今妍"的书风。《平生壮观》卷一所云："上古书譬诸光音天人，未食地肥。至元常为清真雅正主，出规入矩，标举书之眉目；逸少为广大教化主，破瓢琢雕，洗发书之精神。"钟繇为古质书法的代表，而王羲之书法则标识出今妍新体的审美特征。

王羲之的新体书法风格在其子王献之身上得到了极好的继承和发扬。王献之幼年从父学书，转师张芝，自己创立了上下相连的草书——"一笔书"。王羲之着力培养王献之，把自己的《乐毅论》交给王献之临摹，王献之竟然临写得"穷微入至，筋骨紧密，不减于父"。《历代名画记》之《论画六法》说："昔张芝学崔瑗、杜度草书之法，因而变之，以成今草。书之体势，一笔而成，气脉通连。惟王子敬明其深旨，故行首

130

之字，往往继其前行。"

米芾的《书史》云，"大令《十二月帖》运笔如火筋画灰，连属无端末，如不经意，所谓'一笔书'，天下子敬第一帖也"。米芾对王献之的"一笔书"给予了很高的评价。

王献之性格旷达洒脱，在书法观念上锐意变革。他认为"事贵变通"，于是在王羲之今草风格的基础上，突破章法模式，多字贯通为一体。王献之所善书体包括八分、章草、飞白、草书、行书、行草和楷书，他的作品很多收录在《淳化阁帖》和《万岁通天帖》中。其草书气势开张、飞腾跳跃、连绵不绝；行书则体势扁平，草行楷相杂，随着情绪的起伏波动较大，更加凸显出王献之个人的性格特征。他变革其父书风的成就主要体现在草书和行书上，甚至在书法的媚妍程度上大大超过王羲之。

因为突出的书法成就，王献之与其父王羲之并称"二王"，开创了传统书中帖学的"二王流风"。书论中最早提出"二王"的是虞龢，他在《论书表》云："厥后群能间出，泊乎汉魏，钟、张擅美，晋末二王称英。"王献之常被拿来与王羲之作比较，"大令风华俊丽、妍态溢出，而右军苍秀卓跱、姿法具备"。"二王"书法各有千秋，大王有"书圣"之誉，小王则有"小圣"之称。

正如虞龢所说，东晋后期出现了"二王"称英的局面，举世皆学二王。书学中的以"二王妙迹"为旨归，指的就是南朝流风。"二王"的一个共同特点即"妍"。南朝承袭东晋书法，沿袭的也是"二王"妍美的新体书风。因此南朝品评书法皆以"二王"为范本，王僧虔用"二王"来评孔琳之书"放纵快利，笔道流便，二王后略无其比。但工夫少，自任过，故未得尽其妙，故当劣于羊欣"。《南史·张融传》记载齐高帝评张融书"卿书殊有骨力，但恨无二王法"。唐代张怀瓘《书议》评王献之书云："子敬之法，非草非行，流便于草，开张于行，草又处其中间。无藉因循，宁拘制则，挺然秀出，务于简易。情驰神纵，超逸优游，临事制宜，从意适便。有若风行雨散，润色开花，笔法体势之中，最为风流者也。逸少秉真行之要，子敬执行草之权，父之灵和，子之神俊，皆古今之独绝也。"

　　南朝"二王"书风的影响具有阶段性的特征。宗小王、宗大王和崇尚古体。王羲之改古体，人们皆崇尚王羲之的书风，王献之后来居上，时人于是改学"小王"。丘道护、刘穆之、孔琳之、羊欣、王昙首、谢灵运等人，更认可王献之书法的妍美流丽之风，并以此为标准，宗"小王"而弃"大王"，南朝的刘宋举世以学"小王"为风尚。宋文帝刘义隆非常崇尚王献之的书法。崇尚小王的这种风气一直沿袭到南朝晚期。梁武帝带动书风回归到"大王"。到唐朝，王羲之和王献之的书法风格得到了进一步的发扬光大。南唐后主李煜在《评书》中指出唐代宗"二王"的书法盛况，他说："善法书者，各得右军之一体。若虞世南得其美韵而失其俊迈，欧阳询得其力而失其温秀，褚遂良得其意而失其变化，薛稷得其清而失于拘窘，颜真卿得其筋而失于粗鲁，柳公权得其骨而失于生犷，徐浩得其肉而失于俗，李邕得其气而失于体格，张旭得其法而失于狂，献之俱得而失于惊急，无蕴藉态度，此历代宝之之训，所以夐绝千古。"唐代书法名家，诸如虞世南、欧阳询、褚遂良、薛稷、颜真卿、张旭等无不受到"二王"的影响，而在此后的岁月里，"二王"的书法传统不但没有消失，反而在历史的荡涤中显示出了更强大的生命力。

# 第7章

# 帝王与千古"书圣"

王羲之生前书名已盛，在其后的千年里，历代帝王、书家对其推崇备至。唐太宗称誉王羲之书法"尽善尽美"，"观其点曳之工，裁成之妙，烟霏露结，状若断而不连，凤翥龙蟠，势如斜而反直，玩之不觉为倦，览之莫识其端"。梁武帝则称其为"龙跳天门，虎卧凤阙"。唐何延之评价《兰亭序》："字有重者，皆构别体，其中'之'字最多，乃有二十许字，变转悉异，遂与同者"，将王羲之的书法评定为神妙绝品。在梁武帝、唐太宗、宋太宗、乾隆帝等众多帝王的推崇下，王羲之最终确立了千古书圣的地位。

## 一、南朝梁武帝独尊

王羲之书圣地位的确立，有其历史演变的一个过程。南朝宋虞龢在《论书表》中说："洎乎汉、魏，钟（繇）、张（芝）擅美，晋末二王称英。"王羲之书名在东晋盛极一时，甚至于王羲之"自书上表"，晋穆帝亲自"题后答之"，还令张翼模仿王羲之的笔迹，王羲之也感叹几乎真伪莫辨，差点骗过他本人。东晋时期，搜集王羲之书法的习气已经蔚然成风。桓玄喜爱二王书帖，置之左右把玩。

在南朝各个时期，王羲之的书学地位却不及王献之，书论以小王为尊。羊欣在《采古来能书人名》中认为王献之"骨势不及父，而媚趣过之"。王献之书名在南朝的宋、齐年间超过了王羲之。南朝梁陶弘景《与梁武帝论书启》云："比世皆尚子敬书""海内非惟不复知有元常，于逸少亦然"。改变这种状况的是梁武帝萧衍。

六朝诸帝王大都擅长书法，如晋武帝、宋明帝、齐高帝、梁武帝等，其中以梁武帝书法成就最高。萧衍称帝前为"竟陵八友"之一，在文学、音律、儒学、佛学等方面都颇有造诣。梁武帝精于书道，雅好虫书，草隶尺牍"莫不称妙"。梁武帝的书法作品在《淳化阁帖》等有所收录。

梁武帝萧衍在《观钟繇书法十二意》中说："子敬之不迨逸少，犹逸少之不迨元常。"把当时的书学位次由"王献之→王羲之→钟繇"转变为"钟繇→王羲之→王献之"的排序。王羲之的地位超过了王献之。虽然排在钟繇之后，但是体现出了王羲之书法风格对当时书风和审美趣味的影响。

这一时期，人们不仅热衷于学习二王的书风，宫廷还开始收藏二王的书迹。四代帝王皆有藏书的嗜好。唐张怀瓘《二王等书录》记载：刘宋时期，"献之尝与简文帝十纸"，宋孝武帝时，"又使徐爱治护十纸为一卷"。宋明帝时，"诏臣与前将军巢尚之、司徒参军徐希秀、淮南太守孙奉伯科简二王书，评其品题，除狠录美，供御赏玩。"而"梁武帝尤好图书，搜访天下，大有所获"。其中"二王书大凡七十八帧，七百六十七卷"。梁武帝命令殷铁石选集王书，由周兴嗣编次成韵，成为《千字文》，作为学书者的皇家范本。《南史·梁本纪》称，江左以来，二百年间，"文物之盛独美于兹"。梁朝的文论画论成就斐然，《文心雕龙》和《古画品录》就出自这一时期。

梁武帝主张返璞归真，推崇王羲之。在他的号召下，书论家的取向也为之一变。《书品》设置了三等九品来评价汉至梁的一百多位书家，其中将张芝、钟繇和王羲之列为"上之上"品，王献之等列为"上之中"品。而在袁昂的《古今书评》中，将张芝、钟繇、王羲之和王献之并列，推崇此四人为"四贤共类""洪芳不灭"。

从传世的摹拓本来看，王羲之的书法如《丧乱帖》《平安帖》《何如帖》《寒切帖》以及传为王羲之的《曹娥诔辞》等帖上，都有梁内府"鉴识艺人"徐僧权、唐怀充等人的押署。这些作品几乎占了传世王羲之书迹摹本的绝大部分。公认能代表王羲之风格的刻本如《十七帖》和《王略帖》上则分别有徐僧权和唐怀充的押署。而这些作品都被认为是最具有代表性的王羲之书法，为后世的研究者提供了大量的研究佐证。智永《题右军乐毅论后》也明确记载，王羲之的《乐毅论》从梁武帝时期即被摹写传承，成为流传于世的天下珍品。

梁武帝在《古今书人优劣评》中对王羲之书法作出了高度的评价："字势雄逸，如龙跳天门，虎卧凤阙，故历代宝之，永以为训。"这句话后来成为后人评价王羲之书法的重要依据。以小王"妍美"为标志的书风得到了遏制，书风回归"古质"。

# 二、隋炀帝的沉船

六朝时期，二王书法为皇家和民间所珍爱，南朝诸帝不断收集并编纂成册，可惜战乱和人祸不断，致使二王真迹也不断遭受到毁灭的厄运。

402 年，桓玄兵变后遭刘裕讨伐，在逃跑过程中，桓玄将随身携带把玩的二王书迹，并投于江中。那二帧书迹为缣素以及纸书的二王"正行之尤美者",精美绝伦的二王作品就这样被江水吞噬。

据《论书表》记载,南朝宋泰始六年(470),内府就藏有二王书迹十四帧,一百四十五卷,又新入二王书法,各装为六帧六十卷,诏令装治并鉴定。

历经战乱,到了齐高帝时期,内府书库的古迹只剩下了十二帧。梁末,元帝投降之前,命人将梁朝大内五十年间收集而来的二王书迹及其他法书珍品,连同古今图书十四万卷,全部付之一炬。"文武之道,今夜穷乎!历代珍宝,并为煨烬矣!"虽然周将于谨等人在大火中抢救出四千卷图书,送往长安,但是大多数二王的书法真迹在这次大火中被焚毁。

到南朝的陈时,在御府库中,仅藏有王羲之的真迹《乐毅论》而已。

南北朝末年的大火、兵灾等人为因素造成古迹图书严重流失,甚至毁灭,其中二王书法更是面临灭顶之灾。经过梁元帝的纵火焚烧之后,二王的宫廷藏本大多亡佚。至隋朝大业末年,隋炀帝巡游江都,"秘府图书多将从行,中道船没,大半沦弃。其间得存,所剩无几"。隋炀帝性好奢华,他从水路出巡江都,携带了大量的宫廷藏品,船行至途中,装载着珍贵文物的船只沉没,其中大多是隋朝皇家所藏文物。经过这次沉船事件之后,前朝历代流传下来的文物更是所剩无几。隋炀帝被杀之后,所存图书等并归宇文化及,至辽城,被窦建德所破,并皆亡佚。自此,隋炀帝常爱把玩的图书、文物全部消失在历史的尘烟之中。历经数次浩劫,东晋王羲之、王献之和其他书法名家的作品大多不见踪迹,剩下大多只有后人的摹本和拓本。

# 三、唐太宗死也要带走的《兰亭序》

及至唐朝，唐太宗对大王书法的热爱和推崇引领和开创出"唐人尚法"的书风，推动古代书法在唐朝走向成熟和完美的境地。书法在唐代的发展不仅体现在对自身法度的建立和完善之上，而且也体现在书法对绘画的巨大影响力。唐代绘画技法形式，还处于简单的"勾线填色"方法以模拟自然形态的阶段。以"骨势""骨力"为特征的魏晋书法笔法被应用于绘画之中，改善了绘画的技法，加入了飘逸的魏晋笔法特征。"晋人重韵"的审美观念将"气""韵"带入画论，"成教化、助人伦"的宣教功能逐渐转变为士族的"赏阅"。题材、技法和风格的改变使得中国书法和绘画在唐朝逐渐走向成熟。

唐太宗李世民极力推崇王羲之书法，甚至以帝王身份为其作《晋书·王羲之传论》。该论称："……所以详察古今，研今自篆、素，尽善尽美，其惟王逸少乎！观其点曳之工，裁成之妙，烟霏露结，状若断而还连；风翥龙蟠，势如斜而反直。玩之不觉为倦，览之莫识其端，心慕手追，此人而已，其余区区之类，何足论哉！"收集、摹拓和设官学传授技法是唐太宗在传承王羲之书艺和古代书法方面所作的几大贡献。

唐太宗不仅搜罗王羲之存世法书，亲自撰写赞辞，并且在历史上首次将王羲之的书法放至最高地位，超越古今。唐太宗认为钟繇是"论其尽善，或有所疑"，献之则有"翰墨之病"，其他书家皆"誉过其实"。唯有右军之书为"尽善尽美"，"心慕手追，此人而已"，心中仰慕，手中追随的，无非是王羲之而已，其他的书家都是泛泛之作，无足挂齿！

钟繇、张芝和王献之的书法品级有唐以前，均排在王羲之之上。至初唐，王羲之的书名大大地超过了其他人。除了王羲之在新体书法上的巨大成就之外，王羲之在唐代的影响力还与"唐人尚法"以及王羲之儒道兼修的思想特色相关。王羲之总结前人经验，集大成于一身的真、草、隶、行新体书法，为中国文字以及书法的字形和书体作出了概括和规定，唐人继承并发扬了这一传统。

在唐太宗众多的收藏中，最为珍贵的是"天下第一行书"——《兰亭序》真迹。唐太宗与《兰亭序》的故事颇具传奇性。

《兰亭序》是王羲之的墨本真迹，一直作为王氏的传家之宝秘不示人，因而才躲过了历代战乱。南朝陈时，《兰亭序》传至王羲之第七代孙释智永手中。智永在绍兴永欣寺削发为僧，后将《兰亭序》传于弟子辩才。辩才和尚视之若至宝，密藏于永欣寺方丈堂梁上。唐太宗与魏征论书，得知《兰亭序》的下落后，诏辩才入宫，三次索要《兰亭序》不得，只得智永《千字文》。

唐太宗于是派遣御史萧翼设计谋取《兰亭序》真迹。萧翼携带三帖二王真迹，扮作落魄文人，前往浙江永欣寺结识辩才。萧翼拿出二王真迹与辩才论书，并留下二王书帖，获取辩才的信任，辩才最终取出《兰亭序》与萧翼切磋书艺。萧翼不仅见到了《兰亭序》真迹，还获准可以随意出入寺院。一日，趁辩才外出，萧翼入寺盗走《兰亭序》和二王书帖，直奔永安驿站，并下令抓捕辩才。辩才得知珍宝被盗，大惊失色，当即跌倒在地。太宗得到《兰亭序》，大喜过望，升迁萧翼为员外郎，御赐辩才绸缎三千匹、稻谷三千石。辩才用赏赐加建佛塔三层，但不久便于悔恨中卒亡。

唐太宗得到了《兰亭序》真迹，视为国宝，不肯轻易示人。唐太宗命赵模、冯承素等拓摹副本分别赐给近臣。贞观元年，唐太宗敕令在弘文馆开办书艺课程，凡在京五品以上官员子弟，爱书者于弘文馆内学书，令虞世南、欧阳询讲授书法。

　　唐朝的书法成就建立在王羲之新体书法的体系基础之上。从六朝遗法中蝉蜕而出的欧阳询、虞世南、褚遂良、薛稷并称"初唐四大家"，结构严谨、气魄雄伟。有"虞世南得其美韵""欧阳询得其力""褚遂良得其意""薛稷得右军之清"的说法。欧阳询、褚遂良都刻苦临摹过王羲之的笔法。褚遂良初习北派书法，后改宗二王，其书风出北碑而入二王，开启了初唐书法妍丽、瘦劲、挺拔的风格。虞世南为智永嫡传弟子，师法二王家风，其书温文尔雅、含而不露。在他们的带动下，初唐产生了一场书法革新运动，一扫往日过去南师北帖、北宗魏碑的局面。中唐以降，王书发展出二大书体：张旭创立的狂草、颜真卿创立的颜体。唐代官府公文、碑铭也用楷书、行书、草书撰写，王羲之的真书一举成为天下书体的范本。

　　欧阳询就在《用笔论》中评王羲之曰："冠绝古今，唯右军王逸少一人而已。"

　　唐人孙过庭在《书谱》中评论王羲之说："且元常（钟繇）专工于隶书，伯英（张芝）尤精于草体；彼之二美，而逸少兼之。"认为王羲之兼有钟繇正书、张芝草书之美。唐代李嗣真《书品后》云："右军正体……可谓书之圣也。若草行杂体……可谓草之圣。其飞白也……可谓飞白之仙也。"这些书论明确地称王羲之为"书圣"。王羲之"书圣"之名在唐代得以确立。

　　唐太宗死后，中书令褚遂良奏请："《兰亭》为先帝所重，不可留。"遂将《兰亭序》一起殉葬昭陵。朱梁时，耀州节度使温韬盗发唐代诸陵寝，昭陵亦未能幸免，温韬在昭陵地宫的石函、铁匣中取获前世图书，其中钟、王笔迹，纸墨如新。《新五代史》和《梦溪笔谈》等资料都对于五代十国时期昭陵被盗一事有所记录。自昭陵被盗后,《兰亭序》手迹从此失传。虽然有盗墓之事,但是《兰亭序》却始终未见踪迹。由于唐太宗的墓从未被公开发掘过,没有正式的历史记载,《兰亭序》究竟是否伴随着唐太宗埋在地下,还是早已被毁,成为千古之谜。

## 四、武则天的《万岁通天帖》

武则天也喜好书法,尤其珍视二王书迹。武后神功元年(697),王羲之的嫡传孙王方庆向武则天进献家传书法真迹十卷,囊括了王氏自王导以下共十一代二十八人,其中王羲之二帖、王徽之一帖、王献之一帖。武则天命弘文馆用钩填法摹之,制成纸本墨迹卷,称为《万岁通天帖》。摹拓后,原迹如数归还,此帖原迹后被书贩穆聿之强收献与唐玄宗。武则天于大足元年(701),在威武殿上向群臣展示王氏真品、内府所藏二王真迹二十卷。武则天书法工行、草和飞白,得王方庆进献王羲之等晋人真迹,摹拓把玩,笔力大进,其书颇有丈夫气。

唐朝将书学列为国学之一,设置书学博士。国子监下设六馆:国子学、太学、四门、律学、书学、算学。唐代开设科举,以"四才三实"选拔考核官吏,"四才"为"身""言""书""判"四个方面。其中对"书"要求"楷书道美","书"必须合乎规矩,使考官有度可循。唐代以书法作为官员提拔任用的一项重要指标,对实用书体、书法审美提出了具有时代特征的要求,即"法度"。初唐为"尚法"之始。唐人"尚法",首尚王书之法(包括智永的"永字八法"、欧阳询的"结体三十六法"等理论);尚"集贤院""翰林院"馆阁体之法;行草书尚守晋法,以右军为宗。

武则天时代，御史中丞李嗣真撰写《书后品》，将秦至唐代善书者共八十二人，分为十等。《书后品》将李斯的小篆、张芝的章草、钟繇的正书以及王羲之的草、行、半草行书称为"逸品"，归入"上上品"之列，称王羲之为"书之圣""草之圣""飞白仙"。

唐代书法与晋人相比，在萧散自然方面，已不逮晋意。冯班《钝吟书要》云："唐人用法谨严，晋人用法潇洒，然未有无法者，意即是法。"吴德旋《初月楼论书随笔》云："唐人之书法严而力果，然韵趣小减矣。"

在唐代，王羲之的书法被僧侣、遣唐使传播到了海外，海外唐摹本仍然保存至今。天宝元年，鉴真携带大批法书东渡，其中包括《丧乱帖》《二谢帖》《得示帖》，后为日本皇室收藏。元和元年（806），日本人空海将包括王羲之、欧阳询等一大批书家墨迹带回日本，晋唐书法因而大兴于日本的平安时代。

# 五、宋太宗的《淳化秘阁法帖》

在中国书法史上，宋代是帖学大兴的时代，宋代宫廷对晋书的搜求甚至到了竭泽而渔的地步。淳化四年（993），宋太宗将多方搜集来的历代帝王名臣法书，仿照雕版刻书的方法，命翰林侍书王著刻于枣木板上，厘为十卷，成《淳化秘阁法帖》，又名《淳化阁帖》或《阁帖》。《淳化秘阁法帖》的六至十卷都是二王书帖。宋太宗御赐朝中大臣各一部拓片。

《淳化阁帖》是我国第一部法帖合集。法帖是将古代书家墨迹经双钩描摹后，刻于石板或木板之上，再拓印装订成帖册。《淳化阁帖》收录了秦汉以来的唐前书家共102人，东晋、南朝共 73 人，约占 72%；十卷之中，二王书占五卷，占总卷数的一半；总数 420 帖中，二王帖为 233，占总数的 55%，全为尺牍。而十卷中非尺牍者仅 19 例，尺牍书占 95%。晋人以尺牍传世，宋人开创的帖学受尺牍学的直接推动，而宋人尺牍学立足于二王书法。宋初的书法，继唐朝遗风而宗二王。《淳化阁帖》为法帖之祖，影响深远。《淳化阁帖》的广泛流传，促进了宋代书法艺术的发展，形成了中国书法史的帖学传统。王羲之的"书圣"地位在宋代得以进一步巩固和加强。

宋高宗亦曾临《兰亭序》赐孝宗，于帖后记曰："须依次临五百本。"宋高宗曾自称，"自魏晋以来以至六朝笔法，无不临摹。或萧散，或枯瘦，或遒劲而不回，或秀异而特立，众体备于笔下，意简优存于取舍。"史籍记载宋高宗学书非常刻苦，魏晋至六朝笔法均刻苦研习，而"每得右军或数行，或数字，手之楷，初若食口，喉间少甘则已，末则如食橄榄，味久愈在。凡五十年间，非大利害相妨，未始一日舍笔墨。"宋高宗专精《兰亭序》，他认为何延年说王羲之写《兰亭序》时"如有神助"及"醒后更书百千本，无复如者"的话疑作伪。宋高宗认为王羲之的其他书法作品不见得比《兰亭序》逊色，只不过这些"数行数十字"的尺牍、信札恰如"寸锦片玉，玩之易尽"罢了，而《兰亭序》的字数最多，若"千丈之锦"，使人"心目不可忘"也。

《淳化秘阁法帖》开启了宋代刻帖的第一步。其后，宋徽宗命蔡京等刊刻《大观帖》，宋孝宗命刻《淳化秘阁续帖》等，为宋代帖学的发展奠定了坚实的基础。在皇家刻帖风气的带动下，宋代官僚、私人刻帖也蔚然成风，其中对后代影响较大的有《潭帖》《绛帖》《临江帖》《星凤楼帖》《汝帖》《甲秀堂帖》《姑孰帖》《群玉堂帖》《郁孤台帖》《宝晋斋帖》等等。这些私人性质的丛帖都是以《淳化秘阁法帖》为基础，又略作增损，加入其他民间收藏书帖。宋代的书法审美趣味，是以晋二王书风为旨归的——"尚韵""尚意"，而反对唐人的"尚法"。所以在《淳化秘阁法帖》里，唐代颇为盛行的颜真卿书法没有收录其中。

宋代发达的刻板印刷技术，为宋代帖学兴盛提供了一个重要条件。宋代帖学的发达，不光体现在刻帖之风的盛行，还体现在对帖学的研究上。宋人在《淳化秘阁法帖》等丛帖的基础上对书法进行了细致、深入的研究，有众多书稿传世，其中重要的有米芾的《官帖跋》、黄伯思的《法帖刊误》、姜夔的《绛帖评》、曾宏父的《石刻铺叙》、曹士冕的《法帖谱系》等等。这些著作对于宋代流传书帖的辨伪、品评书艺作出了贡献。

米芾有诗："媪来鹅去已千年，莫怪痴儿收蜡纸"，形象地说明了王羲之书法对后世的影响。到宋朝，王羲之的真迹已是稀世珍品，难得一见，米芾曾"以死换帖"。一次，米芾到真州，在船上拜访了蔡京之子蔡攸。蔡京、蔡攸父子皆善书，蔡攸拿出新得到的王羲之真迹《王略帖》，请米芾一同观赏。米芾一见，大喜若狂，当即要换。见蔡攸不允，米芾便大闹着爬到船舷上说："你要是不跟我换的话，我就马上跳河去死！"面对有"米颠"之称的米芾，蔡攸无奈只好忍痛割爱，把《王略帖》给了米芾。

王羲之的书法作品到宋代已经真迹难觅，留下来的大多是六朝和唐代的摹本。北宋宣和年间，内府所能搜罗的王书已唯二百四十三帖。而"靖康之难"以后，金兵大肆劫掠大内藏书字画，不知所终。宋高宗叹言："余自渡江，无复钟、王真迹。"南宋一朝，钟繇、王羲之的真迹就连皇帝也没法见到了。

# 六、乾隆帝的《三希堂法帖》

　　清朝入关后，清帝对汉人的文化、书法颇为重视。顺治帝自称"亦临《黄庭经》《遗教经》二帖"。康熙帝因喜好董其昌而追溯到二王笔法，他曾临摹《兰亭序》数遍。康熙三十二年（1693），康熙帝为绍兴的兰亭御笔题书《兰亭序》，并在兰亭勒石立碑。碑高6.8米，宽2.6米，重达18吨，御碑气势恢宏，正面为康熙帝亲手书写的《兰亭序》全文，背面为乾隆十六年（1751）乾隆帝游兰亭时所写的七律《兰亭即事诗》。绍兴的兰亭御碑是中国最大古碑之一，为海内仅存的一处阴阳两面分别刻有康熙帝和乾隆帝御笔题字的石碑。

　　乾隆四十四年（1779）春，由于喜爱王羲之书法，乾隆帝下诏令四处搜寻《兰亭序》，经名家反复鉴定，选出历代名家《兰亭帖》墨迹：唐虞世南、褚遂良、冯承素摹《兰亭序》，柳公权书《兰亭诗》并后序，明董其昌临柳公权《兰亭诗》，戏鸿堂刻柳公权《兰亭诗》原本，清大学士于敏中补戏鸿堂刻柳公权兰亭诗阙笔，乾隆帝御临董其昌仿柳公权《兰亭诗》。虞、褚、冯摹本和柳书兰亭诗均为内府所藏。此集帖共分为两函八册，按八卦之名分别以"乾、坎、艮、震、巽、离、坤、兑"为序，每册为一卷，共175开，每开纵29.8厘米，横34.2厘米，合为"兰亭八柱册"。帖首有乾隆帝撰写题记，每册前后有"乾隆御览之宝"印章。以墨迹钩摹上石，刻工精良，使笔意墨趣神采毕现。"兰亭八柱册"为中国清刻兰亭集帖的善本，现藏于北京故宫博物院。

　　集帖成册之后，乾隆帝还将圆明园的"坐石临流"亭改建为八方重檐亭，并易之以石柱，命工匠将兰亭帖摹刻于八根石柱之上，每柱刻帖一册，即"兰亭八柱"。每根石柱均为方形，每面宽半米，长约四米有余。"坐石临流"亭立有兰亭碑，碑高六尺，阔五尺，厚一尺；须弥座高约一尺半，正面镂刻有王羲之等文人雅士《兰亭修禊》图，碑阴刻乾隆帝御笔诗四首。乾隆帝题记："己亥春，辑兰亭八柱之册，就此亭易以石柱，而各刻一册一柱"，其目的是"以永其传"，碑刻笔法遒劲有力。兰亭碑及碑亭石柱原置于圆明园文源阁。圆明园被毁后，1917年移入北京中山公园，至今仍存。

除摹刻"兰亭八柱册"之外，乾隆帝诏命将宫内所藏历代法帖墨迹及皇室内府所藏的历代书法真迹取出，由梁诗正、汪由敦等人编选，宋璋、焦林等摹刻，制成《三希堂石渠宝岌法帖》（《三希堂法帖》），其中收录历代书家134人，共340帖；后又镌刻《三希堂续帖》，即《墨妙轩法帖》四卷。《三希堂法帖》以王羲之的《快雪时晴帖》、王珣的《伯远帖》和王献之的《中秋帖》最为珍贵，乾隆帝将此三帖置于书房，出于对此三幅墨迹的喜好，还将自己的书房命名为"三希堂"。

《三希堂法帖》是中国古代规模最大、集历代书法之大成的一部大型书法丛帖，几乎囊括了当时清廷所能收集到的所有名家名作墨迹珍品，包括了王羲之、王献之、欧阳询、褚遂良、颜真卿、孙过庭、怀素、柳公权、苏轼、黄庭坚、米芾等人的法帖，均是历代书法教育临习的范本。

王羲之的《快雪时晴帖》4行28字，是王羲之四十岁之后作品，当时只是手札便条而已，因帖内有"快雪时晴"几字而得名。此帖用笔洒脱，字体舒朗，是王体行书中的精品。王珣的《伯远帖》全文共6行47字，属典型的晋代行书。其内容为叙事之词，该帖的命名出自于帖内首句的"伯远"二字。《伯远帖》用笔灵舞飞动，为上乘的行草作品。王献之的《中秋帖》，全文共4字22行。王献之的用笔如行云流水，连带互映关系，将字体处理得完美至极。此帖为王献之五十岁后之作，属便笺手札作品。

## 七、碑帖之争与"兰亭论辩"

中国传统书法艺术，晋以韵见长、唐以法取胜、宋以意趣为宗、明以尚势出新，而有清一代书法形成了"尚质"的风格。到晚清近代，金石学的复兴推动了碑学的兴起，随之而来的是篆、隶书创作的复兴。

清代声势浩大的碑学运动以阮元、包世臣和康有为为主力军。他们认为碑刻的书法艺术超过古人的书帖，崇北碑而贬南帖。阮元在他的《南北书派论》《北碑南帖论》中，揭集"中原古法"，提倡北碑，试图以矫正唐宋以来帖学带来的流弊。他自云，"元二十年来留心南北碑石，证以经史，其间踪迹流派，朗然可见"。阮元主张扬碑抑帖，他在《南北书派论》中揭示碑学的渊源，以北派书法为旨归，所崇尚的是北派的汉魏古法。而且他认为王羲之、王献之等人的作品，流传到当世的墨迹，都是几经摹拓的复制品，早已不复旧观。尤其是王羲之的书法存世之作，被反复摹拓过不止一次，那些摹本把后人的笔法加入其中，使得晋人的书法失去了真实而独特的韵味。阮元对于帖学的批评直指号称"帖学之祖"的《淳化阁帖》，质疑其真实性和其所代表的精致优雅的趣味。尤其是康有为，在《广艺舟双楫》一书中，大为贬低自宋代而起的帖学，甚至包括南帖中的精品——王羲之书法。

碑学理论到康有为手中更加被推上高潮，康有为高举"薄碑抑帖""薄魏卑唐"的旗帜，标举南北碑书法之"十美"，将碑学推崇到极致。"碑学之兴，乘帖学之坏，亦因金石之大盛也。乾嘉之际，小学最盛，谈者莫不借金石以为考经证史之资，专门搜辑。著述之人既多，出土之碑亦盛。于是山岩、屋壁、荒野、穷郊。或拾从耕父之锄，或搜自官厨之石；洗濯而发其光彩，摹拓以广其流传……出碑既多，考证亦盛"。

晚清至近代的碑帖之争，直接导致出现质疑二王书法真实性和权威性的局面。在这股思潮的影响下，帖学逐渐衰落。20世纪60年代，中国书法界展开了一次"兰亭论辩"，由于其范围之广，参与人数之众，涉及的问题之多，因而在20世纪书法史上具有重要的历史意义。国内书法研究经过此次辩论，从"疑古"走向"释古"，帖学与二王书法在当代得以发展和延续。

传世的王羲之书迹大致有两类：木版或石刻的碑帖和唐代蜡纸钩摹的墨迹本。各朝代史籍资料中记载的真迹原帖，传至宋、明后皆亡佚，只剩石刻拓本。由于唐代的摹本是直接从原迹钩摹而成，最为传神。但即便是唐代的摹本，能流传至今的也只有几件而已，弥足珍贵。因此考古发现中的碑刻书法成为重要的历史佐证。

1964至1965年间，南京象山一带陆续出土了几方东晋墓志，其中包括《谢鲲墓志》《王兴之夫妇墓志》。王兴之是琅琊王氏子弟，为王羲之的堂弟，谢鲲为谢安的伯父，此二人都为东晋人，与王羲之生活在同一个时代，并且有着相近的生活背景，对于了解东晋书法具有重大的研究价值。值得注意的是，"王谢"墓志碑文都是用隶书写成，书法古朴，与"二爨"相近，但是与传世法帖《兰亭序》的笔迹大有不同。1965年，郭沫若以此为据，联系到历史上一直存在的《兰亭序》为托名伪作的说法，继而认定天下的晋书都必然是隶书。他在《光明日报》和《文物》上发表《由王谢墓志的出土论到兰亭序的真伪》，称《兰亭序》既不是王羲之的原文，更不是王羲之笔迹，

《兰亭序》文与字均是王羲之第七代孙释智永所作。他更进一步否定了魏晋书法体系的真实性。

为此，著名书法家高二适引证大量文献和法帖资料，在《〈兰亭序〉的真伪驳议》一文中针锋相对地指出《兰亭序》为王羲之所作是不可更易的铁案。毛泽东对此作出批示。1965年7月《光明日报》开设"兰亭论辩"专栏，刊登高二适等人的文章。文章刊出后，立即引起国内学术界和书法爱好者的极大兴趣。短短半年时间，全国各报刊上发表了争鸣文章有几十篇之多。支持郭文观点的有张德钧、启功、龙潜、赵万里、于硕（于立群）、史树青等人；支持高二适观点的有唐风、严北溟、商承祚等人。由于受到当时政治和社会因素的影响，反驳郭沫若等人的文章不多，社会舆论多持否定论态度，对高二适等人的驳议不予登载。这一场兰亭论辩从1965年6月郭文刊登开始，一直延续到1977年10月，文物出版社集辑出版《兰亭论辩》才告一段落。

在兰亭论辩之后，国内考古不断发现新的证据，用实物证明王羲之所处的东晋时代行书、楷书在士大夫阶层和上流社会范围内盛行，而墓志与殡葬碑刻文字属于实用领域，为低、下层手工匠所制作，书家和新书体往往不参与墓志的制作，因而墓志碑刻上的文字和字体并不能反映出当时书体发展的真实情况。1977年，安徽发掘曹氏墓群，其中出土了大量文字墓砖。墓砖上的字刻在侧面或者横头上，所采用的书体既有篆书、隶书、章草还有今草、真书和行书。其中，真书和行书占绝大多数。1980年，楼兰古城两处墓地出土了大批魏晋木简和残纸文书。这批文物确切的成书年代上起曹魏嘉平四年（252），下至前凉建兴十八年（330），虽然字迹简陋潦草，但是从字体上来说，楼兰残纸已经具备相当成熟的行书和草书字形。从传世书帖和大量的出土文物资料来看，从东汉晚期至魏晋南北朝期间，中国的书法字形的演变已经进入真、草、行时期，而王羲之则将新体推向更加成熟与完善的境界。

王羲之，在中国艺术史和文化史上具有不可磨灭的巨大贡献。王羲之作为门阀政治家族的杰出代表，他具有敏锐和清醒的政治头脑，在魏晋动荡艰难的政局下，一生保持清廉、耿直的执政作风，关心民生疾苦，大力推行仁政使得一方百姓安居乐业。在个人情操和品质方面，王羲之以高门真名士的标准来要求自身，从不借玄风放达之名而放任自流，他既履行了儒家要求的品德端正，也融汇了道家的潇洒自然。他的一生是对玄学精神的完美把握和展现，是魏晋风流的代表之一。在书法艺术方面，王羲之总结和完善了前人的创新之举，他是新体书法的集大成者，被尊为"书圣"。王羲之所确立的新体书法以新的楷书体系取代旧有的篆书体系，从而确立起了中国的今文字系统。楷书体系从晋朝走来，穿越千年的风霜，其旺盛的生命力一直延续至今，王羲之在书法史上具有至高无上的历史地位。

# 附 录

## 年 谱

303 年（西晋太安二年） 王羲之出生。

309 年（永嘉三年） 随晋室南渡江左，居于建康。从卫夫人学书。王廙为庐江太守，王旷战败，下落不明。

315 年（建兴三年） 拜访周颉，一宴成名。

323 年（东晋太宁元年） 太尉郗鉴选婿，王羲之"坦腹东床"。同年结婚。

325 年（太宁三年） 官居"秘书郎"。

327 年（咸和二年） 任会稽王友。

334 年（咸和九年） 任庾亮参军，累迁长史。

336 年（咸康二年） 出任临川太守。

339 年（咸康五年） 王导、郗鉴去世。

340 年（咸康六年） 庾亮卒，临死上疏推荐王羲之，王羲之迁任宁远将军、江州刺史。

341 年（咸康七年） 为母丁忧，辞去江州刺史，王允之接任。

344 年（建元二年） 王献之出生，王羲之四十二岁。

347 年（永和三年） 为护军将军。

351 年（永和七年） 王述为母丁忧，王羲之为右军将军、会稽内史。

352 年（永和八年） 会稽遭灾，王羲之劝阻北伐进表《遗殷浩书》《上会稽王笺》。

353 年（永和九年） 三月三日，王羲之等四十二人，在会稽山阴的兰亭修禊，作"天下第一行书"《兰亭集序》。

355 年（永和十一年） 在父母墓前作《告誓文》，辞官终仕。

357 年（升平元年）　　与谢安、许迈、许询等游遍东南诸郡。
361 年（升平五年）　　卒，时年五十九岁。

# 主要作品

| | |
|---|---|
| 乐毅论 | 得示帖 |
| 黄庭经 | 妹至帖 |
| 东方朔画赞 | 大道帖 |
| 兰亭序 | 三月帖 |
| 姨母帖 | 雨后帖 |
| 初月帖 | 丝布帖 |
| 寒切帖 | 服食帖 |
| 上虞帖 | 天鼠膏帖 |
| 快雪时晴帖 | 旦夕帖 |
| 七月帖 | 儿女帖 |
| 都下帖 | 知足下帖 |
| 远宦帖 | 鲤鱼帖 |
| 何如帖 | 永兴帖 |
| 奉橘帖 | 里人帖 |
| 游目帖 | 皇象帖 |
| 频有哀祸帖 | 想弟帖 |
| 孔侍中帖 | 采菊帖 |
| 丧乱帖 | …… |
| 二谢帖 | 兴福寺碑 |

# 参考书目

1.《晋书》，中华书局，1974 年。

2.《全晋文》，商务印书馆，1999 年。

3.《资治通鉴》，中华书局，1956 年。

4.《历代书法论文选》，上海书画出版社，1979 年。

5.《世说新语译注》，燕山出版社，1996 年。

6.《历代书法论文选续编》，上海书画出版社，1993 年。

7. 宗白华：《美学散步》，上海人民出版社，1981 年。

8. 郭廉夫：《王羲之评传》，南京大学出版社，1996 年。

9. 万绳楠：《魏晋南北朝文化史》，东方出版中心，2007 年。

10. 黄惇：《秦汉魏晋南北朝书法史》，江苏美术出版社，2009 年。

11. 范文澜：《中国通史》，人民出版社，2004 年。

12. 徐复观：《中国艺术精神》，华东师大出版社，2001 年。

13. 陈寅恪：《金明馆丛稿初编》，三联书店，2001 年。

14. 余英时：《汉晋之际士之新自觉与新思潮》，载《士与中国文化》，上海人民出版社，2003 年。

15. 山东临沂王羲之研究会编：《王羲之研究》，山东文艺出版社，1990 年。

16. 雒三桂：《王羲之评传》，人民美术出版社，2007 年。

17. 刘占召：《王羲之传》，东方出版社，2009 年。